京都大会物語

宮崎正孝

はしがき

古都・京都に日本の歴史と伝統がぎっしり詰まっているように、京都大会にも剣道の歴史と伝統がぎっしり詰まっているので、京都大会というものが何であるかを理解し経験するためには、手間と暇のかかることである。ましてや、私のように北海道の田舎に住んでいる者にとっては、京都大会を一、二度見たり経験したりしたくらいでは、象の尻尾を掴まえて、これが象であると錯覚するほどの間違いをおかすことになる。この間違いは、沢庵がいわれるように、一枚の紅いもみじの葉っぱにとらわれすぎると、大きな木の全体が見えないのと同じである。だからといって、京都を見ないで京都を知ることができないのと同じように、京都大会に参加しないで京都大会を知ることは不可能である。

とくに田舎者の私にとっては、京都がそうであるように、京都の表面だけを見て、これが京都であると思いがちである。京都には「お化け」が出るし、京都大会にも「お化け」が出ることを知らないのだ。実際に京都という古都は、あまりにも酒はうまいし、豆腐も美味しいし、その上、ネイちゃんも綺麗なので、剣道のことも忘れてしまいがちである。武蔵がいわれるように、兵法の道は「自然の道」であると、ただそれを信じて求めていけばいいのに、迷い、悩み、疑い、挙げ句の果てに、恐怖に駆られてしまい、「平常心」というのは「普段のままでいい」のだと、また酒を飲んでしまうのがおちだ。

私が読んだ本の中で、「心の迷い」について最初に問われた人は、ソクラテスではないかと思われるのだが、ソクラテスは、この「心の迷い」のことを「お化け」と呼んでいることを知った。その時、私は、なぜかソクラテスに対して親近感を覚え、ソクラテスの「お化け」について大変興味を持った。不思議なことに、その「お化け」を取り払うために、ソクラテスもまた「自然の理法」に頼り、「宇宙の理法」に頼ったことを知る時に、ソクラテスの悩みは、武蔵が兵法を求めて悩んだと同じ「驚・懼・疑・惑」の「お化け」につきまとわれていたのでないのだろうか、と思うことしきりである。

武蔵もまた「お化け」に悩まされ、その問題を解決せんがために、妙心寺に籠り、東寺に籠って心の修行をされたが、最後に到達された所が「自然」という「大きな懐」であった。「自然」には「地」の力が在り、「水」の力が在り、「火」の力、「風」の力が在る。がしかし、この「自然の力」から迸る「生命」という力を自分のものとするためには、「己自身」が、「己の力」で、「己の心」によって「もの」にしなければならない。そこに「空ずる」ための強い「己の力」が必要になる。己自身の「欲望」を抑え、「我」を押さえ、己のすべてを「否定」することにより、はじめてそこに「肯定的な力」が生まれてくる、と武蔵は信じていたのではないか。

武蔵の『五輪書』は、精神的にも、思想的にも、また、修行の在り方からいっても、密教の哲学の在り方にその基礎を置いているのであろう。しかしながら、『五輪書』の哲学には

「密教」のそれを超えたところの「何か」があることは確かで、その「何か」に影響を与えられたのが沢庵であろうと想像する。なぜなら、沢庵の『不動智神妙録』には、「特定の神」「特定の仏」という従来の「神・仏」の範囲を超えたものが存在するからで、そのことが大いに武蔵の『五輪書』に影響を与えたものと想像される。

沢庵は「太阿の剣」という「心の剣」を通して、「兵法の道」の将来を占い、戒めている。この沢庵の意を体して、武蔵は見事に『五輪書』という「兵法書」をこの世に残された。私は、この『五輪書』を「武蔵の遺言」と捉え、この武蔵の精神を心の糧として拙著『京都大会物語』を書いてみようと思い立ったのだが、果たしてどうなりますやら。もう一つの理由は、私をここまでご指導してくださった諸先生方に、この本を通してお礼を述べたいと思い、恥をしのんでつまらぬことを書くことになったこと、どうぞご無礼の数々、ご容赦ください。

京都大会物語／目次

Ⅵ　色紙

挿画　平安座唯山

I 京都大会のお化け

⑴心の迷い

「心の迷い」のことを「お化け」とか「妖怪」と言ったのはソクラテスである、と前述したが、その話は、プラトンによって書かれた『パイドン』[1]という著書の中に出てくる。ソクラテスは、「死を恐れてはいけない」、「死は恐ろしいものではなく」、「恐ろしいと思っているのは、死のお化けである」と言い、それは「お化け」にすぎない、と言って戒める。また、ソクラテスの数百年後の古代ローマの哲人・エピクテタスも『対話』[2]の中で「死の恐怖」のことを「お化け」とか「妖怪」と言っている。要するに、「心の迷い」のことを「お化け」と言っているのである。

私は、京都大会もある意味では「お化け」であると思っている。なぜなら、京都大会というものが何であるかがわからなければ、京都大会の「お化け」に悩まされて、剣道の本質が理解できないまま、時を過ごしてしまい、結局は、剣道の「お化け」に悩まされ続けて一生を終わってしまうことになるからだ。

京都大会というのはいったい何であろうか。私の素朴な疑問は、平成元年の六段審査以来、その時もそうであったし、今もなお同じ疑問がくすぶっているので、私にも「お化け」が出ているに違いない。最初は、六段の受審の権利がつけば、それとばかりに飛びつくように受審して、それから京都、東京、京都、東京と受け続け、平成八年の五月にようやく京都で六段に合格と相成ったが、その間、長い月日であった。その間、京都には十年近くも通っていながら、ゆっくりと京都を見物するでもなく、受審の前の日に京都のどこかの旅館かホテルに着いて、不合格になれば、やけ酒を飲んで、その晩泊まって、翌日に帰る、という連続であった。これは「お化け」以前の問題である。

本気になって京都大会を意識し始めたのは、平成八年五月に京都審査会で剣道六段に合格してからであった。不合格の原因を思い起こしてみると、京都には、いや、京都大会には、不思議な雰囲気があって、受審者を迷わすものが潜んでいることに気がついた。私は、それを京都大会の「お化け」と呼んでいるのだが、その「お化け」が京都に隠れているし、京都大会にも潜んでいることに気がついた。

その「お化け」は、あの武徳殿のどこか、あるいは平安神宮のどこかに棲んでいて、そこで演武する者の心を乱すのかもしれない。「悟り」と「樵」の話を聞いたことがあるのだが、「悟り」は「樵」の心を「観の目付」と「勘の目付」で読んでいるので、「樵」の心を手に取るように解る。このように、「お化け」というのは武徳殿で演武する者の心を察知して、心を悩ます。「悟り」のことを密教の世界では「無相《むそう》の悉地《しつじ》」というそうだが、この「悟り」の境地は、沢庵の『不動智神妙録』に出てくる「世尊拈華迦葉微笑《せそんねんげかしょうみしょう》」の物語から推し量っても、いかに難しい境地であるかは想像を絶する。この物語によると、釈迦が一本の蓮の花を取って、頭上にかざしたところ、何十万人もの中から、迦葉だけが釈迦の意味を理解し、ニコッと微笑んだという。そのように考えるなら、「悟り」というのは、凡人の私などの手に負えるものではなく、とても「樵」なんかの出る幕ではないのだろう。

武徳殿のあの雰囲気には、異常なほどの熱気とどよめきが漂い、慣れない者は押しつぶされてしまう。まず、あの武徳殿の造りが、初めての者にとっては威圧感がありすぎて戸惑ってしまう。天皇がご観戦され、賓客が観戦されるような豪華で重厚な貴賓席が中央にあって、その真下に来賓や全剣連のお歴々が居並ぶ高い席があって、その両端に審判席や役員の席が居並ぶ。試合場は、最初のうちは、上座に向かって東と西に別れ、それぞれの会場に張られた演武者の試合次第によって進められる。会場係が大きな声で所属剣連と名前を読み上げると、範士の審判の声で試合開始となる。北海道〇〇先生、東京〇〇先生。

前述したように、京都大会には、本当に「お化け」が出ると私は信じている。あの会場で一本を取るというのは並たいていのことではなく、せいぜい引き分けがいいところで、最初の頃は、一本を取ったり、引き分けたり、であったのだが、次第に勝てなくなる、そして、負けるようになった。ここ二、三年は、続けて負けている。なぜか知らぬが、これが「お化け」という「魔物」が棲んでいるというゆえんで、とくに、八段を受審するようになってからというもの、毎回「お化け」で悩まされる。剣道でいうところの「驚・懼・疑・惑」がそれなのであろうか。それとも、武蔵がいうところの「心の持ちよう」が、この「化け物」に相当するのであろうか。武蔵がいうところの「平常心」とは、「静」の中に「静から動」に変わる力が内蔵されていて、「観の目」と「勘の目」が同時に存在する「自由」の力のことであり、即ち、沢庵の「不動智」のことをいうのであろうが、岡山の石原忠美範士は、その力を「静中動」と言っている。私も、武蔵の「平常心」のことを「魂の理想的な状態」と見て、静かな心の中のどこかに、ビ、ビッと動いているところがある状態を指すもの、と信じるのだが、「般若心経」の「色即是空、空即是色」、即ち、「否定は肯定、肯定は否定」という「空」の思想、これを武蔵が求めた境地といわれているが、これとて、「お化け」のような思想である。

前述したように、密教の世界では「悟り」のことを「無相《むそう》の悉地《しつじ》」というのだそうだが、この境地に達するためにどれだけ修行をしなければならないか、武蔵の『五輪書』を読めばよく解る。「万理一空」、即ち、「宇宙のあらゆる道理」を「一つ」にすることである、と武蔵は説く。小川忠太郎範士が「剣の理法は自然の理法」といわれるゆえんがここにある。なんと遠い道のりであろう。武蔵も「密教」の「五輪」の思想を求めて「地輪」「水輪」「火輪」「風輪」そして「空輪」という長い修行の道を歩いて、ようやくにして達したところが「五輪」という「円輪」の境地であった。この「円輪」の世界を密教では「無相《むそう》の悉地《しつじ》」という「悟り」の世界を指し、沢庵の『不動智神妙録』に登場する「迦葉《かしょう》」という弟子もようやくにして「印可」を授かるが、これもまた、長い修行の果てにおいてであったことは明らかだ。

古代ギリシャの哲人・ソクラテスもまた、「迷いの心」を「お化け」と呼んでいたことは前述した通りであるが、「自然の法則」に従わない行動をすると、「お化け」が出る、とソクラテスはいう。このソクラテスの教えに従って、プラトンという弟子が生まれ、アリストテレス、セネカ、エピクテタス、マルカスという偉大なる哲人が生まれたことを知るにつけ、もしかしたら、その「学問する心」も、また、「悟りの境地」も、この「お化け」という「妖怪」から生まれるのかもしれない、と時々思うことがある。なぜなら、剣道における「悟り」の境地は、「四戒」といわれる「驚・懼・疑・惑」という「お化け」を経験しないと生まれないとしたら、「お化け」というのは、剣道をする者にとっては大切な思想なのであろう。

私は、ソクラテスという哲学者が、哲学の「手本」としてその後の多くの哲人の輩出に貢献されたことを思う時、日本にも立派な「手本」があることを知った。その「手本」とは、能芸の道において「道」を確立された「世阿弥」、茶道において「道」を拓かれた「千利休」、兵法を「人間形成の道」として教えてくれた「沢庵」、「剣の道」を「徳」の道、「善」の道として求められた「宮本武蔵」、現代においては、「心の剣道」を完成された「持田盛二範士」、剣と禅を「一つのもの」として統一された「小川忠太郎範士」、「剣の道」を「宇宙の道」として法華経を求められた「楢崎正彦範士」、「剣道形」を「神的範型」として、その中に精神的に意味づけられている理合を「一人稽古」によって自得しようとされている岡山の

「石原忠美範士」などなど、求めればこのように多くの「手本」があることを知る。剣道修行においては、どうしても「師の位」としての「範型」が必要である。なぜなら、日本剣道形は「師の位」である「打太刀」がおられ、「弟の位」の仕太刀がおられる、ここの教えを大切にしなければ剣の道は成り立たない。この教えこそ、ソクラテスがいわれる「お化け」とか「妖怪」といわれるものであって、この「お化け」が京都に潜み、京都大会に出没して、道を求めるものを悩ますが、その悩みとは「何かを生み出す」悩みであって、決して悪い悩みではない。この「お化け」をどのように考え、どのように用いるかは、自分自身の問題である。「お化け」は「自分の心の中」にあり、ということになろうか。

1　プラトン『パイドン』77E
2　エピクテタス『対話』Ⅱ、Ⅰ、15

⑵疏水の散策路に現れたお化け

実は、私は本当に京都の「お化け」に出会った。それは、哲学の道を少し下がったところの疏水の辺においてであったが、夕刻八時頃に、南禅寺の境内の中にある「順正」という豆腐専門店で豆腐と酒を頂いて帰る途中であった。その頃、上田秋成の『雨月物語』を読んでいて、怪奇物語に凝っていた時であった。三人の剣道仲間とほろ酔い気分で疏水の道を下っていたところ、平安神宮の鳥居を過ぎた辺りで、「助けてください」と言って、一人の怪しげな和服姿の女性が現れて、助けを請うた。私は『雨月物語』の影響もあって、やれうれしや、とばかりに、その女性を助けてやろうと思ったし、もしや、この女性は黄泉の国からやってきた先祖の何かではなかろうか、と一瞬ためらいもした。しかし、他の仲間の手前、おかしなこともできず、私は、その女性を仲間に託して、近くの店に入って、その旨を話し、救急車を呼んでもらうことにした。話を聞いた店主は、ニコニコ笑いながら、解りました、その女性は、この裏に住んでいる方で、今そのお母さんを呼んであげる、と言ってくださった。詳しいことは解らないが、何か訳ありの女性であったらしい。それにしても、不思議な夜であった。その夜は、その和服姿の女性のことが気になり、『雨月物語』の妖怪が次々と現れて、私を悩ますのであった。

北海道に帰ってからの日々においても、京都でのこの経験を忘れることができず、「春の

Ⅰ　京都大会のお化け

血」という短編を書くことになってしまった。何ということもないつまらない短編小説ではあったが、私の先祖に関わる一人の女性が、子孫である私のところに現れて、楽しい一夜を過ごさせてくれる、という荒唐無稽の内容であった。

いずれにしても、剣道修行においては「四戒」という「お化け」を消し去ることは、至難の業である。武蔵でさえも、京都にいた時に、密教の寺である「東寺」を訪れ、「鷲の図」や「竹林の図」を描かれた、と聞いているが、その理由は、「お化け」を祓うためのものであったことは容易に想像できる。命を賭けての勝負の前には、武蔵でなくとも「心の迷い」は出るものである。

私は、「お化け」には、よい「お化け」と悪い「お化け」がある、と思われてならない。武蔵が「空之巻」でいわれるように、「空の境地」には「善」のみがあって、「悪」がない世界であるとしたら、「空の境地」を求め「善」のみ知ることになれば、そこには「悪」が存在しなくなる。言葉を換えていえば、修行によって「空の境地」を求めていけば「お化け」を追い払うことが可能になる、と考えることができる。このことは、武蔵が「兵法三十五箇条」の「残心・放心の事」において「常は意のこころを放ち、心のこころをのこす物也」と言っているところと関係があると思われるのだが、「心」の中に「こころ」を残す修行が必要になるし、また、「心」の中に「意のこころを残す」修行もまた必要になる、と石原範士は言われる。石原範士は、森田文十郎範士の言葉を借りて、「意の心は表面《うわべ》のこころですよ。

心のこころは、底の心ですよ」と言っておられる。この「表面《うわべ》のこころ」と「底の心」という捉え方は、非常に面白い表現であると思うのだが、結論から言って、「表面《うわべ》のこころ」ばかりでなく、「底の心」も養うように修行しなければならないことになる。そのように努力するなら、いつの日か、「迷いの心」という「お化け」を追い払うことができるようになる、と信じている。

武蔵の「水之巻」には、「心の持ちよう」と言って、武蔵の「心の修行」の在り様が論じられているが、そこの部分を読んだだけでも、いかに武蔵が「平常心」を自得するのに苦労をされたかを窺い知ることができるばかりでなく、「平常心」とはどんな心であるかも、おぼろげではあるが窺い知ることができる。

〈心を広く、まっすぐにし、緊張しすぎることなく、少しも弛むことなく、心が偏らないように、真ん中に置き、心を静かに揺るがせて、その揺るぎが、一瞬も揺るぎやまないようにする。〉[3]

武蔵は、「兵法三十五箇条」においては「意のこころ」と「心のこころ」とに分けて論じられていたが、この「水之巻」においては「心」を「真ん中に置き」と言っているところに注目したい。なぜなら、よく読んでみると、「心を真ん中に置く」と同時に「心を静かに揺るがせておく」ことを「心の生命」として捉えていることを知るのだ。「真ん中に置かれた心」とは、森田範士の言葉を借りるなら、「底の心」となり、その「底の心」と「表面の心」は、切り離されることがなく、絶えず「表面の心」を「静かに揺らいでいる」状態に保つこと、これが、武蔵の「平常心」に当たると思っている。

3　宮本武蔵『五輪書』松本道弘訳、P74

⑶哲学者和辻哲郎先生の家

京都大会が終わって北海道に帰るその日の朝のこと。六時くらいであっただろうか。剣友を案内して南禅寺から銀閣寺までの「哲学の道」沿いの小川の辺を歩いている時であった。路半ばくらいの所で、一人の女性が、年は六十五、六歳くらいであっただろうか、朝刊を片手に持って、その新聞の一面に大きく載っている写真を見ながら、「ここでしょうかね、もっと向こうでしょうかね」と独り言を言いながら、写真とにらめっこをしていた。「どうかしたのですか」と尋ねると、その女性は、この写真は、自分が尊敬している哲学者の「梅原猛先生」の写真で、この辺りで撮られたものですよね、と言いながら、私の同意を求められた。私も、梅原猛先生が大好きであったので、その気になって、「ああそうですよ、ここですよ」と言うと、その女性は大変喜んで、梅原猛先生は、この「哲学の道」の向こう岸の上のほうに住んでいて、かつては、自分の師であった「和辻哲郎先生」の家である、と言うのだ。その会話を聞いていた仲間が、梅原猛先生のことを尋ねられ、名著『地獄の思想』を紹介してあげたことを、いたく感謝されておられたことを記憶している。私は、今でも『地獄の思想』はもちろんのこと、梅原猛氏の全集のほとんどを何度も読んでいるのだが、なかでも、「密教」のことを「多を統一する宇宙神の崇拝である」と捉えた氏の見解から「密教」と武蔵の『五輪書』との関係、さらには、「万理一空」の関係について剣道の精神を求めることができたことに感謝している。このような朝早くに、このような梅原猛先生を信奉している女性に出会ったことは、私自身にも新たなる精神を与えてくださり、国に帰っても梅原猛氏の著書をあらためて読むことができ、それを精神の師として仰ぐことができたので、これは「素晴らしいお化け」の話であった。

さらに私は、梅原猛先生が現在住んでいる家がご自分の師である和辻哲郎先生の家であることを知り、武蔵の「針と糸」の関係を思い出した。この師弟の関係があって初めて日本の文化が成り立っているのだ。日本の文化は「形の文化」といわれるけれども、その「形」に「魂」を入れるのは「師弟の関係」でないのかと、つくづく思われた。梅原猛先生は京都大学において和辻哲郎先生から哲学を学び、現在、和辻先生の家に住んでおられるのだ。

私も一時は、和辻哲郎先生の哲学に興味を持ち、先生の全集を購入して、西洋の哲学や日本の哲学を学ぼうと志したことはあったが、やはり学問というものは、武蔵の「針と糸」の関係のように、「同じ屋根の下で生活するような」師弟の関係がないと本物にはなれない。そのことは、剣道においては、「三磨の位」という素晴らしい教えがあるので、剣道という伝承文化を伝えるためには何が必要か、推して知るべし、である。

私が、和辻哲郎先生と梅原猛先生のことを想像しながら、哲学の道を下って南禅寺に差し掛かったところで、読経の声を耳にした、その時に、楢崎正彦先生と斎村五郎先生との関係を思い起こしていた。楢崎先生もまた、京都に来て、この哲学の道を歩き、斎村先生の思い出を偲んでいたことを思い出した。これが剣道の師弟の関係である。剣道を志す者は、師を求める気持ちがなければならない、その関係がないと「お化け」が出るのではないだろうか。

そこのところを、小川忠太郎先生はこのように言っている。

〈道元禅師は、「正師を得ざれば学ばざるに如《し》かず」と言っている。この正師とは何の師かというと「道」の師。道を求めて修行するとき、正しい師につくことが大切だということ。〉[4]

小川先生の言葉は、剣道の大目標である「人間形成」のことについて考える時に、大変参考になるし、先生の説を大いに取り入れなければならない、と思われてならない。剣道における「正師」とは、「道の師」であること、となる。小川先生は、この「道の師」について、さらに述べる。

〈それでこの正師についての道の修行とはどういうものかと言うと、先ずこの宇宙には真理がある。そしてその真理を体得した人がいる。仏教ではお釈迦様、儒教なら孔子、聖人。こういう人を信じる。信じて師匠とする。それが即ち正師。その正師について学ぶ。これが禅でいう大信根。〉[5]

「真理を体得した人」を禅においては「正師」と言い、「師匠」となる資格のある人となるのだが、剣道においては、私が思うには、「剣の道」を知り、「宇宙の真理」を知り、「人の道」を求めている人、となるのではないだろうか。正しく、「剣の理合の修錬による人間形成」の道である。「殺人剣」の思想のみでなく「活人剣」の思想にも通じ、「人間形成の道」にも通じていなければならない。

小川先生でさえ、正師を見つけるのは至難の業であるという。それで、先生は、「道を求めている人で、その道が完成していなくてもよい」[6]と説いてくださる。

〈それでこれが一番大事なことだが、全部の人が正法を嗣ぐ必要はない。正法を嗣ぐのは特殊な人。山にたとえれば、一番高い山。しかし普通の人はもっと低い山。自分に合った山。自分の希望する山を目標にすればいい。そういう程度の山はたくさんある。〉[7]

「師の位」にある者については、その人自身が自分の程度というものを知り、絶えず上の位にある人に教えを乞う、謙虚な気持ちが必要であるし、「弟の位」にある者は、自分のめざす「山の高さ」が変わるにつれて、新たなる「師」を求めていく気持ちが必要となる。

もちろん、いつでもそばにいて教えてくださる「師」がおられることは理想であろうが、田舎にいて、あるいは、辺鄙な所にいて、誰をも師として仰ぐことができない人はどうしたらいいのだろうか。たとえば、武蔵を自分の師として仰ぐことは、いかがだろうか。武蔵は、亡くなられた過去の人である、また、持田盛二先生を師として仰ぐことはいかがだろうか。持田先生も、過去の人である。このような師を、武蔵がいわれるように、「心の真ん中に」置いておけば、それが「底の心」となり、「魂の源泉」となるので、剣道を求め、学問を求め、真理を求めていくことが可能になる。そのような「お化け」に会えるなら、どんなに遠くとも、どんなに難しくとも、それを求めようとするのが求道者ではないだろうか。

4　小川忠太郎『剣道講話』P110
5　前掲書　P110
6　前掲書　P122
7　前掲書　P121

⑷楢崎正彦先生との会話

これもまた、京都大会が終わった次の日の朝の話である。南禅寺から銀閣寺の途中のちょうど梅原猛氏の家のある辺りで、一人で歩いておられる楢崎正彦範士に、偶然にお会いした。それも、サンフラワーという同じホテルに泊まっていることを知り、話が弾んで、散歩をご一緒させていただいた。それから毎年同じホテルに泊まり、散歩をご一緒させていただいたのであるから、なんという幸せ者であろう。

ある年の散歩の折のこと。雨が降っていた。それでも五時頃にホテルを出て歩き出した。東松山の松野先生もご一緒だった。三人で、ホテルから南禅寺に下って、銀閣寺まで歩こうということだった。南禅寺に行くと、読経の声が聞こえてきた。楢崎範士は、足を止められ、手を合わせて、その読経にしばらく耳を傾けられていた。斎村先生が、若い頃にこの南禅寺で修行されたのだ、としわがれ声で言うのだ。

しばらく進むと、南禅寺の境内を抜けたところから、細い道に入った所で、そこには、大きな桜の木が立っていた。そこで、楢崎範士は立ち止まって、持っていた傘を置いて、両手を大きく開いて、大木を抱えるようにして、深呼吸を二十回ほどした。

「お前たちもやってごらん。この樹から、宇宙のエネルギーが出ているのだよ。宇宙には、大きな力があるんだよ」

この教えが、あとで、楢崎先生の宇宙論、法華経の思想に触れるきっかけになるとは、夢にも思わなかった。ましてや、それが、武蔵の「密教」の思想の影響、華厳の影響、「自然の法則」という「万理一空」の思想について教えてくれていたとは、まったく知らなかった。あの時に、どうしてもっと尋ねなかったのか、悔やまれてならない。

ある時、東松山へ稽古に行った時のことである。場所は、「武蔵」という居酒屋であった。そこの小部屋でお酒をいただいていた時に、楢崎範士が剣道の心の話をしていた時のことである。


「楢崎先生、剣道の心というのは、日本人の心でいいですか」

「小さい、小さい。もっと大きな心だよ」

「それでは、国際人の心ですか」

「まだ、まだ」

「では、世界人の心ですかね」

「まだ、まだ」

「それでは、あとはないですよ」

「あるじゃないか」
「ありませんよ」
「宇宙人の心だよ」

今にして解るのだが、楢崎先生は、剣道の心を「宇宙」として捉えていた。その心を、武蔵の『五輪書』を読まれて学んだものか、若い時に、東京・巣鴨の戦犯の収容所で同室であった「岡田資《たすく》中将」より学ばれたか、いや、恐らく両者から学ばれたものと推察されるのだが、いずれにしても、楢崎先生の剣道の思想には大乗仏教の「宇宙論」なるものがあって、武蔵の「宇宙論」がそれに加わって、楢崎先生流の「宇宙観」が生まれたのではないだろうか。いずれにしても、先生の剣道観には、「宇宙」があり、斎村五郎先生の京都の思いがあり、それによってあのような剣風が出来上がったものと思われる。いわゆる、「気の剣」である。早瀬利之氏の『気の剣』を読むと、斎村範士のこのような言葉が載っていた。

「ぼくの今日あるのは、つねに本を読んでいたからである。どんな逆境にあっても、読書だけは絶やさなかった。それから、ぼくはいつ無一文になっても、そこからやり抜く決心を持っている。要するにバカになることだ。裸になることだ」[8]

斎村範士のような大先生が、どうして「バカになること」「裸になること」と言われるのだろうか。私が思うには、自分を捨てて、「自然に任せる」ということ、と言われているのではないだろうか、と思わずにいられない。小川範士が言われる「剣の理法は自然の理法である」という思想は、楢崎範士の思想にも当てはまり、斎村範士の思想にも当てはまる、と考えていいのだろうか。

斎村五郎先生のことについて、東京の矢野博志先生からこのような逸話を聞いたことがある。矢野先生が公務で函館の地にいらして、稽古をいただいた折のことである。ある和風の料理店においてであった。

「矢野先生、斎村先生についての質問をしていいですか」

「いいですよ」

「斎村先生は、七十にして剣を納められたといいますが、本当ですか」

「本当ですよ。でも、実際は、もっと前に剣を納められたと思います」

「本当ですか。私は、実際には斎村先生にお会いしたことがないので、早瀬利之氏の『気の剣』を読むより斎村先生について知る方法はないのですが、あの本の中で〈バカになること〉〈裸になること〉と言っているのは本当なのですね」

「本当だよ」

その時に矢野先生は、私にこのような話をしてくださった。

「ある時、ちょっと用事があって、斎村先生を訪ねた時のことです。奥様に、書斎に通されて、そこに座って先生の来るのを待っておりました。先生はすぐにお出でになり、私は正座をして、先生が何かを言われるのを待っておりました。先生は黙っておられるので、私は、二時間も正座をして待っておりました。足は痺れてくるし、トイレには行きたくなるし、いかにも我慢ができなくなるまで、正座を続けておりました。その時、奥様が書斎に入ってこられて、斎村先生と私が、正座をして無言であることに気がつかれ、びっくりして斎村先生に尋ねられた。斎村先生の答えは、矢野は何か用事があるから来たのだろう。矢野が何も言わないから俺は黙って矢野が言うまで待っていたのだ、と言われた」

矢野先生は、この斎村先生の教えを今でも忘れられない、と言われた。そして、「師の教え」というのは、武士の後ろ姿というか、何というのか、以心伝心とでもいうのであろうか、無言のうちに何かを教えておられるものと、信じている、とおっしゃった。矢野先生は、斎村先生のような「師」に出会い、師の教えを「底の心」に刻まれて、自分の修行を続けてこられたものと思う。師の教えというのは、なんと厳しく、愛情深いものであろうか。平成二十一年の百五回目の記念すべき全日本剣道演武大会（京都大会）の剣道形の演武は、打太刀が加藤浩二先生、仕太刀が矢野博志先生によって演じられた。正しく心の演武であった。

8　早川利之『気の剣』P330

(5)腰にタオルを巻いた裸の先生

「腰にタオルを巻いた裸の先生」との出会いもまた、「化け物」の話の一つとして、それもいい「お化け」として私の心の中に残っている。この話も京都でなければありえない話であるのだが、審査の後に京都大会が開催されていた時期のことである。函館の澤田功教士と武道センターのサブ道場で、澤田先生のお相手をして基本稽古をしていた時である。遠間からの面打ち、一足一刀からの面打ちなど、いろいろとやっている時に、見知らぬ剣道家らしいお人が、腰にタオルを巻いた姿で、私たちの稽古を見ていらした。私が面を打った時に、近寄られて、小生の面の打ち方についてご指導をいただいた。今でも、その時の教えを昨日のように記憶している。

「宮崎さん、面打ちはそれでは駄目だ、左の拳がまったく利いていないではないか。いいですか、左の拳を、上段から振り下ろす時のように、相手の竹刀を左拳で打ち落とすようにしないと、良い面は打てない。左で打つというよりも、左の拳を鳩尾の位置まで持ってくるようにする。そうすると、相手の竹刀が、このように打ち落とされるでしょう。この左手の拳の使い方が大切です」

その後、京都大会の期間中、武徳殿や武道センターでお会いすることになり、その「裸の先生」が愛知の林邦夫範士であることを知り驚いたのだが、そのおかげで、数年して私が七段をいただき、澤田教士も八段をいただくことができた。あの時の林邦夫範士との出会いがなかったら、私たちの現在の剣道はなかったかもしれない。あれだけ適切に、あれだけ効果的に、面打ちの指導を受けたことがなかった。たった一つの指導で、すべてが変わってしまった。今思うには、林範士のご指導は、面打ちの原型である、剣道形の太刀の四本目の相打ちの面の理合を教えてくださったものと思うのだが、それにしても、私たちにとっては、仏のような教えであった。今も、太刀四本目の相打ちの面を打つときは、その教えを大切にして打っているつもりである。この理合が解ったおかげで、一本目の左諸手上段、右諸手上段の振り下ろし方、抜いての面の打ち方の理合も、自然に解るようになった。

剣道は、一晩にして変わるとか、七段をいただくと七段の稽古、八段をいただくと八段の稽古をするようになる、というが、結局は、心の問題なのであろう。それからというもの、林範士が京都で私の顔を見れば、必ず声を掛けてくださるし、私も、お会いした時には必ず近況報告をすることにしている。

今年も、朝稽古で、四日と五日の二回、林範士の稽古をいただいた。近況報告という意味合いも含めて、一所懸命に、気合を込めて稽古をさせていただいた。打とうとか、打たれるとかではなく、相手の実を攻め抜くつもりで掛かっていったが、果たして林先生にどのように伝わったかはわからない。

林先生の剣道には古典的な風格があるということには前から気付いていたが、風格を知るために、十年ほど前に出版された『八段の修行』を開いてみた。なるほど、林邦夫先生は、柳生新陰流に剣道の始原を求められ、「原点である古流」を学ばれていたのだ。あの構え、あの足さばき、あの心の練りは、剣道の原点である「古流」から学ばれたものなのか、私は、林先生の学問の追求の仕方、剣道の追求の仕方が、ここにあったのか、とあらためてその心の深さ、広さを知ることになった。

古流を学んだことのない者にとっては、日本剣道形にその古流の原点を求めるよりしょうがないのだが、ようやくにして日本剣道形の意味するところを理解し始めたばかりの私にとっては、林先生の剣道に対する心というのは、驚きであったし、尊敬の念でもあった。日本剣道形を剣道の始原・源泉として理解しながら、稽古は形のように、形は稽古のように、を武道の神の言葉のように信じている私であるが、柳生新陰流をそのまた奥にあるさらなる「原点」として求められている林先生の心は、今の私の心では理解できないところである。

いずれにしても、林先生が求められている剣道の真髄は「活人剣」にあり、といわれるのを知った時に、剣道の道の深さ、密度、広さ、をまざまざと知らされた。

〈新陰流の精髄は活人剣《かつじんけん》にあります。活人剣とは、敵を充分に働かせてその働きにしたがって勝つ刀法です。活人剣の対極に殺人刀《せつにんとう》というのがあり、これは敵を圧倒しその動きを封じて勝つこと。新陰流ではこれを排しているんです。活人剣は、〃合撃《がっしうち》〃によく表われています。相手が打ってくるのに対し、あとから打って出て乗る。つまり相手を充分に働かせて引き出しておき、遅れてその打ちに打ちかかり乗って勝つわけです。〉[9]

武蔵も「三つの先」と言って、「先」の取り方を三つに分けていること、三橋秀三先生が『剣道』の中で、「後の先」の思想について触れておられることから、勝ち方に「殺人剣」と「活人剣」の分け方があることは知っていたが、林先生のいわれる「合撃《がっしうち》」なるものがどのような打ち方、勝ち方なのか、今の私の力では理解できない。ただ、石原忠美先生の書かれた『活人剣・殺人剣と人間形成』という本を読んだ拙い経験から想像してみるに、合撃《がっしうち》とは「相打ち」とか「切り落とし」のような打ち方なのかと、想像をたくましくするのみ。いずれにしても、この打ち方を頭に入れておいて、今度、林先生に会った時にその打ち方を尋ねてみたい。その時もまた、「腰にタオルを巻いた裸の先生」のように、「合撃《がっしうち》」とはどのような打ちなのか、快く教えていただきたい。

9　高山幸二郎『剣道八段の修行』P54

⑹ 脹脛《ふくらはぎ》の肉離れ

岡山の石原忠美範士との出会いも、京都大会の「お化け」のような話である。私が、武道センターの朝稽古に行き始めたのが平成六年五月からだから、石原範士は既に九段になられ、武道センターの奥のほうの一番上の上席に位置取られていて、多くの剣士が先生の稽古をいただくために並んでおられた。私が、人の噂を聞いて、一度は稽古をいただきたいと思っても、なかなか自分の番が来ない。自分の番が次と思って立っていても、次々に、上位の先生が失礼、と言いながら、私の前に稽古をいただいている。結局は、その日の朝稽古ではもらうことができずに、また次の日を待つことにした。次の日は、自分でも要領を良くしようとして、手ぬぐいは素早くつけようと、子どもがつける要領で畳んでおき、面紐も半ば結んで、すぐに着用できるように準備していた。それでも早い人がいて、先生の前に並んだ時は、五、六番目になってしまった。いよいよ自分の番が来て、稽古をいただくことができたのだが、理合も何もなく、掛かり稽古だけで終わり、息が上がってどうすることもできなかった。

その次の年も、またその次の年も、続けて稽古をもらいはしたのだが、挨拶も、話もすることができず、それから五、六年が経った京都大会の朝稽古の時であった。私も、何とか七段をいただいて、京都大会の様子もわかるようになり、剣道に関しても、新たなる心を抱いての頃であった。石原範士のことも、私なりに理解できるようになり、どうしても今日は、範士の稽古をもらうべく、満を持して待っていた。見ていると、強い。どの人も一本も当たらない、さわりもしない、これでは駄目だ。何とか我慢をして、一本でもかすればいいと思って、その時を待っていた。いよいよ自分の番が来た。恭《うやうや》しく礼をして、蹲踞をして、立ち上がるや、自分のすべての力を出して、我慢した。左足を動かさないようにして、無駄な動きをしないようにと、我慢に我慢を重ねた。しかし、次第に、左足の脹脛《ふくらはぎ》が、硬くなるのを覚え、もうこれ以上我慢したら、足が動かなくなるのではないか、と心配し、その後は掛り稽古になってしまった。ご挨拶に行って、そのことを話したら、我慢しないで打ったほうがいいですよ、と言われたことを今でも覚えている。今でも、あの時の脹脛の爆発寸前の具合のことを忘れずに覚えている。

あれから数年経ったある日のこと。『剣道時代』の広告を見て、あっ、この人は私が稽古をいただいたあの石原先生ではないか。あの先生が書かれた本なのだ。早速『活人剣・殺人剣と人間形成』を注文し、夢中になって読んだ。平成十八年のある日のことである。あまりの感動に、その本を数冊買って、親しい剣友にも寄贈した。その感動を今でも覚えている。「活人剣」とは、「殺人剣」とは、「生涯剣道」とは、武蔵の「万理一空」とは、「傘の切っ先」とは、次々と剣道の疑問が解決され、また、新たなる疑問が生まれる。

そのようなことがあってから二年後の平成二十年四月、拙著の『剣道は私の哲学』が出版されるや、石原範士に読んでもらうべく、贈らせていただいた。もちろん、私が稽古をいただいたことなど記憶にあるはずはなく、自己紹介を含めて、長い手紙を添えて、贈らせていただいた。そうしたら、石原範士のほうから丁重なる葉書きをいただき、ますます私の剣道に対する思いは募るばかりであった。その後、京都大会に参加するべく、また、八段審査を受審すべく上洛することになるのだが、四日の立合であったので、朝早くに武徳殿に行くと、石原範士の姿が、会場の中央の席に拝見された。私は、なりふり構わず、裏のほうから廻って、中央の席に座られている石原範士に挨拶に行ったところ、私のことを覚えていてくださり、隣に座りなさいという。「いいのですか」と言うと、いいのだと言ってくださり、私も思わずそのようにさせていただいた。失礼も、無礼も、頭にはなく、その場に座らせていただき、二十分も話をさせていただいた。その感激、その感動、その胸の高まりを今でも覚えている。「無心になることです。無意識になることです。意識してやると必ず無心になれる。無意識になれる」と言ってくださった。

それからの私は、剣道に対する思いも、また、生き方もすっかり変わった。どのように変わったかといえば、私の心の中に、新たなる剣道に対する情熱が沸き、その情熱がずうっと長く、今でも燃え続けている。これは、まことに不思議な大事件である。それからというもの、私は、石原先生に、剣道に対する疑問はもちろんのこと、範士の書かれた本の内容について、私が思うこと、勉強したことを何度となく手紙で質問させていただいた。そのたびに、範士は、私に手紙をくださり、資料をくださって、励ましてくださった。

それから、ちょうど一年後、私は、岡山の石原範士に剣道形を学ぶべく、八日間の予定で旅立った。とうとう私の剣道も、ここまで来てしまった。その一週間は、つらいとか、苦しいとか、厳しいとか、疲れるとか、そのような問題ではなく、どうしても「日本剣道形」を解説書通りに教えてもらいたい一心で、あとは何もなかった。その時の快い充実感は、私の人生の宝物となり、ますます剣道が好きになってしまった。私のパソコンの中に「岡山市西大寺道場における日本剣道形稽古実践録」として、また、「剣道形の真髄を求めて」という題で記録されている。その時の実践録は、いつか、お目にかけたいと思っている。このようにして、私の剣道に大革命が始まった。これもまた、正しく、剣道の「お化け」の物語である。このような「化け物」が京都大会のあちこちに潜んでいる。

⑺東寺に密教を求めて

私は、『五輪書』の哲学は密教にあり、と睨んで、梅原猛氏の『地獄の思想』、松長有慶氏の『密教』、正木晃氏の『密教』の智恵を借りながら、その理解を深めてきたのだが、今回の京都大会の折に、一つの目的を持って「東寺」を訪ねることにした。相棒は、埼玉の水野仁範士と北海道の野呂醸三教士であった。三人は、大会の合間を縫って四日の午後の時間を見つけ、宿の京都トラベラーズ・インを二時に出て、東寺をめざした。

東寺というのは、名前からして、どこかに「西寺」なるものがあるから「東寺」と呼ばれるのではないだろうかと、人はそのように思りのが普通だと思うのだが、タクシーの運転手に聞いても、確かな返事が返ってこない。そのことに関しては、不確かなことはいえないので、正木氏の解説をここに付すことにする。

〈教王護国寺とも呼ばれるが、開創以来、正式な名称は東寺だった。もとは平安遷都のとき、西寺とペアになるかたちで建立された寺院だ。ちなみに、西寺はほとんど発展せず、まもなく廃絶したらしい。この東寺を空海は嵯峨天皇からたまわって、真言密教の京都における拠点とした。それゆえ、空海の私寺という性格を持つ金剛峰寺に対して、東寺は官寺の性格が濃い。〉10

京都の吉岡道場との果たし合いの後、この寺に三十代の武蔵が三年もの間、逗留することになり、その後、巌流島での佐々木小次郎との果たし合いをすることになるのであろうが、それにしても武蔵はこの寺で何を思い、何をどのようにしながら過ごしたのであろうか。武蔵の真の心を語ってくれるものは、「鷲の図」と「竹林の図」の二枚の障壁画よりないが、その壁の前に座って、「鷲の図」を見ていると、なぜかしら武蔵の思いが伝わってくる。

右上に一羽の鷲が、爪を大きく開いて、何かを捕まえようとしている。その目は、右下の方向に向けられ、らんらんと輝いている。何を狙っているのだろうか。右上の鷲に呼応するかのように、左下にもう一羽の鷲が、下りようとしている。これらの絵はまことに不可解で、武蔵は、嘴から目、そして頭を描き、足も、両足の爪を開いているところは解るが、羽ばたく翼の輪郭なんかはほとんど省略されていて、注意をしないと、どこが頭で、どこが目なのかも、爪なのかも解らない。

私の想像するところでは、この障壁画は、鏡に映した自画像で、右の手に太刀を持ち、左手に小太刀を持つ、二天一流の姿なのではなかろうかと、想像をたくましくしてみた。そのように考えると、「鷲の図」は、にわかに、武蔵の心となって、天を羽ばたきはじめた。この「鷲の図」は単なる鷲を描いたのではなく、「二天一流の心」を表わし、即ち、『五輪書』の心である「五輪」という思想を表わしているものと想像した。「五輪」とは、密教では、「地輪」「水輪」「火輪」「風輪」、そして「空輪」を表わし、これらが修行によって「円輪」

になる。しかしながら、密教を日本で開創した空海は、「六大」という独自の思想を創った。「六大」というのは、インド、中国の密教を日本式の密教にしたもので、「五輪」を「地大、水大、火大、風大、空大」と理解し、さらにその上に「識大」を作り出し、合わせて「六大」[11]としたことを知るときに、武蔵もまた、己の兵法を作り出すためにどれだけ努力したのかは、容易に想像がつく。

　私は、空海が工夫され、創造された、「六大」という思想に注目したい。なぜなら、「六大」という思想は、「五大」がそれぞれ「地、水、火、風、空」という「客観的に見た宇宙の五種の性質の象徴」[12]であるのに対して、「それらを見て識る主体」を「六大」と定義しているからだ。つまり、宇宙を捉え、理解し、それらを実践しているのは「自分」という「主体」である、というのだ。これが、武蔵が東寺で修行された思想でなかろうか、と思われるのだ。そのように考えると、「鷲の図」というのは「宇宙」を表わし、二羽の鷲は、己自身の「二天一流」を表わすもの、と想像される。

「鷲の図」を見た後、外に出ると、そこには、五重塔が聳え立っていた。新緑の向こうに、黒々とした五重塔が、「地輪」の上に「水輪」が載り、「水輪」の上に「火輪」が載り、「火輪」の上に「風輪」が載り、その最上部に「空輪」が載って、空に聳え立っていた。これこそ、武蔵の心だ、「万理一空」の世界だ、と思わず心の中で叫んでしまった。なぜなら、武蔵はご存知のとおり「兵法三十五箇条」において、なぜか「三十六箇条」の一つをさらに付け加えられ、そこに「万理一空」と記しているのは、私が思うには、空海が「五輪」の上に、さらに、「六大」という思念を付け加えたと同じ情念によるものと思われてならない。なぜなら、「六大」という思想は、先ほども記したように、実践するのは「本体」である「自分」ということになるので、そのような意味において、武蔵もまた、「万理一空」という思念をもって、道を究めようと決心されたものと思われる。なぜなら、密教という教えは、「自己が先ず体を動かして、物事の中に入りこみ、具体的な事物の中に隠されている真実なるものを、自分の目で見つけ出し、それを確かめること」[13]を求めている思想なので、武蔵もまた、体を動かして、真実を見つけようとしたことは、十分に肯けるところだ。

五重塔の見えるところを背景にして、水野先生、野呂先生と三人で写真を撮ってもらった。帰り道、三条通りの「大吉」という居酒屋で、焼き鳥をいただきながら、酒を飲み、ビールをいただいた。色即是空、空即是色。

10 正木晃『密教』P208
11 松長有慶『密教』P80
12 前掲書 P80
13 前掲書 P233

(8) 一枚の絵　楽書家唯山さんとの出会い

京都大会の思い出の品として小生の書斎に飾っているものの中に一枚の色紙がある。その絵は、この拙著の挿絵として用いられているものなのだが、この色紙には、平成十三年五月四日と記されているので、小生が七段をいただいて二年目の京都大会の折に描いていただいたものだ。その当時のホテルは現在の「平安の森」にあたり、その時は「サンフラワー」と呼ばれていた。立合が終わり、平安神宮の裏の道を壁伝えに歩き、岡崎神社の前を通り、ホテルに入ると、一人の見知らぬ人がニコニコ笑いながら椅子に座り、似顔絵を一枚いかがですか、と声をかけてきた。面白そうなので、立ち止まって、一枚描いてくださいというと、絵描きは、小生の立っている姿を、十分か十五分で描いてしまった。稽古着と袴に、竹刀袋に面と小手を結んで、背中に背負っているイガクリ頭の老剣士の姿が、色紙の中央に描かれていた。

「題はなんと入れましょうか」

「京都大会がいいね。もう一つ、哲学の道、と入れてください」

「日付も入れますね」

「そう、いいですね」

日付は、平成十三年五月四日、落款は「落書家唯山」であった。

あれから八年、小生の京都大会は延々と続き、第百五回目のこの節目に、唯山氏に会って、新しく『京都大会物語』の挿絵を描いてもらいたく、ホテルサンフラワー京都を訪れるが、ホテルは平安の森に変わり、画家の消息も杳《よう》としてわからない。

現在私が利用しているホテルは、京都トラベラーズ・インと言い、ここ五、六年続けて利用している宿である。三日の午後、ホテルのフロントの若い人に、あなたはコンピューターが上手ですか、と尋ねると、まあまあです、と言うので、「唯山」という雅号の画家を調べてもらうと、「平安座唯山」という画家がおられて、蕎麦屋を営んでいることがわかった。そして、その蕎麦屋の電話番号も知ることができた。早速、電話をするが、何の返事もない。業を煮やした小生は、とりあえず、その蕎麦屋を訪ねることにした。住所は京都市北区紫野雲林院町である。蕎麦屋「平安座」。行ってみると、驚いたことに、三日前に引っ越した、というのだ。しょうがないので、近所の人にその家の家主を尋ねると、快く教えてくれた。家主の家の前の通りを、大徳寺の方向に歩き、今宮神社の近くの薬局の裏にある家に住んでいるとのこと。そして、携帯電話の番号も教えていただいた。京都は、碁盤の目のようになっていて、地番ははっきりしており、家を探すのは比較的楽である、とは聞いていたが、いざ、自分で探すとなると、また、別であることを知った。薬局の裏手に入ってみると、そこは、長屋になっていて、古風で、閑静な佇まいが広がっていた。きょろきょろ見て廻ったが、人の気配がまったく感じられないので、不審者と思われることを心配し、とりあえず、その一角を出ることにした。あとは、携帯電話に頼るしか方法はない。

すっかり疲れてしまい、今宮神社の鳥居の近くにある喫茶店で一息入れて、もう一度探すことにした。幸いにも、すぐ近くに公衆電話があったので、水と紅茶をいただいてから、やおら電話をしてみると、電話の主から応答があった。嬉しかった。唯山さんですか、と尋ねると、そうであるとのこと。ほっとした。いま薬局の近くの公衆電話から電話をしていると言うと、今すぐに、その公衆電話のところに来る、と言うのだ。電話ボックスから出ると、目の前に、懐かしい人の顔が現れた。あの時の、八年前のあの顔だ。白髪頭の、赤ら顔の、目の大きな、背の小さい六十五、六の男がそこにいた。向こうも小生を思い出したらしく、すぐに家に案内してくれた。その家は、先ほど訪ねたところであった。その長屋は、つい先日まで叔母さんが住んでいた所で、叔母さんが亡くなられたので、こちらに移ってきたことを話してくれた。小生の心は、懐かしさと、安堵の気持ちが同居して、尋ねてきた目的をざっくばらんに話した。

ドアから見える部屋には、抜け殻のような蒲団の形がそのままにあって、先ほどまで寝ていたことを証明していた。とてもその部屋に上がってお茶をいただく勇気もなく、ドアの外に雑然と置いてある家具の中から二つの椅子を引っ張りだして、そこに二人は座った。快い、

哲学の道
京都大会

懐かしいひとときであった。

『京都大会物語』の出版の計画に心から賛成してくださり、小生の話を楽しく聞いてくれた。それに使う挿絵も前の値段でいいと言う。一枚二千円、五枚で一万円、着払いで支払うこと。商談成立。もっと話をしたかったが、唯山さんも、だいぶ疲れている様子であったので、五日の五時に小生の泊まっているホテルのトラベラーズ・インで会うこととし、そこで酒でも飲みながら、将来について語る約束をして、再び武徳殿に戻ることにした。道すがら、快い心の響きが、体いっぱいに広がり、これも京都大会の「お化け」のおかげである、と感謝した。

五日五時、約束の時間にちょっと遅れて唯山さんが現れた。出掛けに雨が降り、外にあったものを中に入れるのに時間がかかったという。早速ビールで乾杯、酒をぐいぐいやりながら、八年前の出会いやら、今回の再会やら、話はどんどん弾んで、あっという間に四時間が過ぎた。唯山さんは、この八年間に、いろいろの賞をいただき、有名になっていた。これからは、蕎麦屋との二束の草鞋は履かず、絵一本でいくとのこと。今回はその転機として決心がついた、という。それに乾杯だ。小生も、人生の残りが少なくなったので、『京都大会物語』を書いて、剣道人生の総まとめにしたい旨を伝える。協力を惜しまない、と言ってくれた。

これが小生の「京都大会」である。なんと人生とは素晴らしいことか。そして、なんと剣道とは素晴らしいことか。それを教えてくれたのが「京都大会」である。

六月の初めに、一通の宅急便が届いた。あの唯山さんからであった。こころを震わせながら中を開くと、約束のデッサンが十枚ほど入っていて、武徳殿や、平安神宮や東寺や妙心寺の懐かしい景色が目の前に広がった。これなら、デッサンとしてすぐに使える。何という感激、この感動こそが京都大会である。

その中に赤鬼の絵が二枚含まれていて、赤鬼が酒瓶を立てて、酒をやっているではないか。赤鬼が顔を真っ赤にしているのだから、これこそ「鬼のお化け」である。この酒は「月の桂」かな、それとも「玉乃光」かな、「月桂冠」かな。のんべえの私は、酒のこととなると目がない。その晩は、近くの酒屋から「月の桂」の「濁り」を買ってきて、コップで三杯ほどやると、顔が「真っ赤」になり、正真正銘の「赤鬼」が出来上がった。

今迄少し
頑張り過ぎた!!
がんばることしばしやめて
のんびりと
いこう…
唯山

楽
鬼ころしこんやも
唯山
2009,6/10

⑼甲斐清治先生の助言

今年も、五月三日の六時半から恒例の朝稽古が武道センターで行なわれ、四日、五日と三日間続いた。

最初、朝稽古の仕方に慣れていないために、稽古をいただけるのは一人か二人であった。しかし、それが十五年、十六年もたつと、稽古を盗むということがどのようなことであるかが解ってくる。六時には武道センターに着き、名前を記録するや、一番に稽古をいただける場所を体で覚えているので、準備運動を十分にしておいて、礼が終わるや否や、真っ先に目的の先生の所に並ぶことができる。ある時には、一番に稽古をいただくために、手ぬぐいを子どもたちがするように、あらかじめ畳んでおいて、また、面紐もあらかじめ結んでおいて、時間になるや否や、それとばかりに目当ての先生の所にすっ飛んでいったものだ。

朝稽古の時間は、六時半から七時半までとなっているが、さらに稽古をしたければ、サブ道場に行けば、稽古の相手はいつでも見つかるし、八段の先生の稽古もそこでさらにいただけることもある。これも皆、京都大会における経験のおかげである。経験というのは、かくも大切なもの。

運がよければ、昨年いただいた先生に今年も続けて稽古をいただければ、よりきめの細かいご指導をいただける。面打ちのこと、小手打ちのことなど、こちらから求める気持さえあれば、どの先生も快く指導をしていただけるものと、この頃は思う。結局は、こちらから求める姿勢が大切で、そのことが稽古にも表われるのではないか。最初から、面打ちを指導してくださいとか、気剣体の一致ができているかどうか見てくださいとか、こちらからお願いすれば、八段の先生はどなたも親切にご指導をしてくださる。

今回も、四日の朝、六時前に武道センターに着き、準備をしていたところ、ちょっと存じている甲斐先生のところに行って、面を打った時に、どうしても打ちの強さが足りないので、その打ちの強さを養うためにどのような打ち方をしたらいいのか、と尋ねたところ、「大きく打ちなさい。それも、このようにするのですよ」と見本を示してくださった。

「振りかぶりは普通このように振りかぶるでしょう。これでは、打ちに時間がかかるので、上に真っ直ぐ振りかぶり、このように振り下ろすと、速く打てるばかりでなく、相手の面を打ち落とす強さもつくれる。いいですか。このように、真上に振り上げるようにするのです。これを連続して打つようにすれば、足の運びも良くなり、気剣体の一致ができるようになるし、小手打ちもこのように上から打てるようになる。小手・面だってこのように打てるようになる。実際の稽古でこの打ち方を練習してみてください」

なんと有難いことだろう。甲斐先生のような大先生から直接、このようなご指導をいただけるなんて。私は早速、甲斐先生の前に陣取り、稽古が始まるのを待った。

甲斐先生は、私の下手な面打ち、小手打ち、小手面打ちを、何十回と受けてくださった。私は夢中になり、大きく振りかぶってメン、大きく振りかぶってコテ、大きく振りかぶってコテ・メン、をくり返し打たせていただいた。その感激を忘れることができず、ホテルに帰ってからも、風呂の中で「大きく振り上げ、大きく打つ」、何度も何度も復習してみた。

私が思うには、京都大会で学んだことは、田舎に戻ってからも生きていなければ何もならない。学んだことをメモするとか、復習するとか、それを一人稽古で活かすようにするとか、その後の努力が大切だと思う。

ご指導をいただいた先生の立合を見るのが礼儀と思い、範士の先生方の拝見が始まるのを待って、甲斐先生の立合を見させていただいた。見学する時も、見る側の心の在り方が大切で、こちらの心の準備、何を求めて見るかが解らないと、結局は、どんなにいいものを見ても、心の糧にはならない。心の糧にするためには、自分がこれから求めていくものが何であるのか。打った、打たれたではなく、心と心のやりとり、いわゆる、剣と剣との対話のところが見えなくては何もならないことをようやくにして知るようになった。

範士の先生の立合は、どの先生の立合を見ても学ぶことが多いが、今回は、ご指導をいただいた甲斐先生の稽古を拝見させていただこうと、その時の瞬間を、息を殺して待っていた。会場は、静寂に包まれ、範士の先生の技、心を学ぼうとする観客の息遣いまでが聞こえてくるようだ。

いよいよ、甲斐先生と村上済先生との立合が始まった。両先生とも、位攻め、気攻めの応酬で、竹刀と竹刀の対話が続く。いつ技が炸裂するか、観客はその時を待つ。さすがは範士の稽古、なかなか爆発の時は訪れない。その緊張感が、なんともいえない爽やかな満足感を与えてくれる。これが、「離勝の位」の攻め合いなのであろう。未熟者の私には、両範士の心の動きまでは読めないが、ご指導をいただいた甲斐先生に心から感謝をして、武徳殿をあとにした。

函館の田舎に戻り、早速、『剣道八段の修行』を開いた。

〈要するに、基本の大きい打ちを実際の稽古にしっかり生かすことだったんです。基本の大切さを痛感させられました。つまり、さっきの連続技と素振りの関係といい、このことといい、剣道ではいかに基本が大事か、ということですね〉[14]

『剣道八段の修行』は、今から十年前に発行され、甲斐先生の文章もその時に読んではいたのだが、その時には、今のような理解はできなかった。甲斐先生は、「基本の大きい打ちを実際の稽古にしっかり生かすこと」といって、「基本の打ち」と「実際の稽古」における技の使い方の関係について述べておられることを知る時に、私はもう一つ、これに加えることの必要性を自分に言い聞かせた。そのこととは、剣道形の中にある「技の原形」のことで、面打ちなら面打ちの「原形」があること。私もそのことを知っているはずなのだが、そのことを忘れてしまって、稽古は稽古という勝手な解釈の稽古の在り方になってしまいがちであったことを深く反省している。これではいけない、もう一度、面打ちの「原形」の太刀四本目に帰り、その技を実際の稽古に使ってみよう。ちなみに、「剣道形の指導上の留意点」[15]を見てみると、「打突の原形」という言葉が使われ、「自得」することを戒めている。結局のところ、私が思うには、大きな技と小さな技、これらの両方の技を自在に使えること、これが肝要なのであろう。このことをあらためてご指導してくださった甲斐先生に心から感謝する次第である。

「基本」とか、「技の原形」のことで思い出されるのは、持田盛二先生の言葉である。つまり、基本を体で覚えるのに五十年かかった、という言葉だ。なんと気の遠くなるような言葉であろうか。とくに私の場合は、もうすでに七十歳を過ぎているので、これから五十年なんて、とんでもない。墓場に行って、そこで修行してもまだ足りないことになる。

それではいかにしなければならないのか。ここにその解決法がある。それは、岡山の石原忠美範士の教えで、石原先生が持田先生にお会いして稽古をいただいた時に、その強さに驚いたそうである。持田先生は七十二歳、石原先生は四十歳過ぎ。それで石原範士はどうされたか。

〈持田先生に懸かってしびれた。私ばかりじゃなかった。日本の有名な九段、八段の先生が掛かっていった。みな二、三分で切り返しになる。ほんとうに子ども扱いなんです。私は、こんな剣道が今頃あるんかと思った。まだ剣道がスポーツといわれていた時代です。私が四十歳過ぎ、持田先生が私より三十二歳上。三十二歳違うたら、なんとか若さで一本ぐらい打てると思ったら、なんの全然打てない。打てないばかりじゃなくて、しびれた。〉[16]

石原先生が発奮して求められたものとは、「日本剣道形の一人稽古」を始めとして、生涯剣道に必要なものを、自分から徹底的に求められたこと。いろいろあるだろうが、私が特筆したいのは、「剣道形の一人稽古」による、ということである。この「一人稽古」によって、先生は、剣道形の呼吸法、すり足のこと、技の原型のことなど、徹底的に研究をされ、自分のものを創り出されたのであろう。

甲斐先生は私に「基本」に戻りなさい、「技の原形」に戻りなさい、「剣道形」に戻りなさい、と戒めているものと理解している。甲斐先生の「大きな素振り」とは、つまり、手首を返すような素振りではなく、天上を突くように振り上げる素振りで、肩を基点にして振り上げる素振りということになるのではないか、と自得しているのだが、その振り上げ方は、構えのままに、肩を使って振り上げ、そのままメンに下ろす、コテに下ろす、ということになるのではないだろうか、と理解している。構えのまま大きく振り上げ、振り下ろす、確かに今までの振り上げ方とは違う。とくに「肩」を使っての振り上げ、振り下ろしは、今までの振り上げ方とはまったく違うことに気がついた。もしも、この振り上げ方によって強い打ちが生まれるのなら、やってみる価値がある、というものだ。

剣道というのは、まことに不思議な武道である。それが、剣道が武道といわれるゆえんなのだと思われるのだが、甲斐先生に教えられた「一言の助言」で私の剣道が、もう一度生まれ変わろうとしていることに気がついた。石原先生が、持田先生の稽古をいただいて変革したと同じく、そこに程度の差はあっても、確かに変化しようとしている自分を見るのだ。今の剣道よりも上の剣道を求めたい、そのためにはどうするのか、そのもがきに甲斐先生の「肩」を使っての打ち方が答えてくれたような気がする。そして、そのことが、石原先生が求められた「日本剣道形」の「技の原形」を習得することにもつながり、正しい剣道にもつながることを夢見ている。

近所に市立函館高校という学校があり、そこの剣道部の監督の寺尾先生、塩見先生の両先生にお願いして、生徒と一緒に基本稽古から地稽古までご一緒させていただいているのだが、その時の基本稽古の時に、この大きなメン、大きなコテ、大きなコテ・メンを打たせてもらっている。このようにしないと、甲斐先生の助言も、石原先生の教えも、また、元の木阿弥になりそうな気がするのだ。武蔵は、自分に「師匠」はいないというが、実際は「自然の理法」を求められたことは明らかで、「いない」というのは「いる」ということであることを思うにつけ、今の私は藁をも掴みたい気持ちなので、自分以外は皆「師」のように思われる。私は、高校生諸君を「わが師」として仰ぎ、この練習をすることにより、「気・剣・体の一致」が自得できれば、と思っている。甲斐先生、有難う。感謝。

14 高山幸二郎『剣道八段の修行』P40
15 全日本剣道連盟『日本剣道形解説書』P21
16 石原忠美『活人剣・殺人剣と人間形成』P60

⑽外国人剣士との稽古

最近の京都大会の朝稽古には、外国の剣士たちの姿が多く見受けられるようになった。いつ頃からかは定かでないが、韓国人、アメリカ人、イタリア人、カナダ人、イギリス人など、私の知る限りでもこのように多くの国々から来られるようになった。立合を見ているお客さんの中にも、カメラを持った外国の人びとが、熱心に見学しているのを見るにつけ、剣道の国際化はここまで進んでいるのかと思ってしまう。

昨年の京都大会の折に、大会の受付付近をうろついていた五、六人のグループがいて、その一人に話しかけたらイギリス人剣士の一行であった。長老と思われる、体の大きい、見るからに武道家らしい出で立ちの老人と握手をした。名は、プライス・モリスといい、剣道五段で、イギリスで刀鍛冶をしている御仁であった。ちょうど昼時で、一緒にお茶でも飲もうよと誘うと、同意してくれたので、一緒に中華料理の食堂に行き、そこでお茶を飲みながら、中華料理を突っついた。

食事をしてから、武道センターに戻り、道場連盟の稽古会を観戦させた。小生は、その錬成会に参加をし、汗を流してから客席を見ると、モリスはまだそこにいて、小生が終わるのを待っているではないか。嬉しくなって、その晩は、モリスとビールをやりながら、剣道の話をした。彼は、西イングランド剣道連盟の代表者で、三十数人の仲間と東京の野間道場で稽古をし、京都大会を見て、イギリスに帰るというのだ。

次の日、武徳殿に行ってみると、十一時ころであろうか、仲間の五人がたむろして竹刀作りの実演を見学しているではないか。声を掛けると、嬉しくなって、みんなそれぞれ自己紹介をしはじめた。すぐ脇にある休憩所に連れてゆき、みんなでお茶にした。いちばん若い剣士は二十歳で、モリスのもとで練習をし、三段であった。名前のほうはちょっと定かでなくなってしまったが、皆、三段から五段の侍であった。その顔、顔、顔は、皆いい顔をして、目は何かを求めて輝いていた。彼らは、本当の剣道を求めてはるばる日本にまでやって来て、東京で稽古をし、京都に来て京都大会を見て帰るのだ。

私は、その時、若き剣士たちが、この京都の地に集い、この武徳殿で修行に明け暮れ、剣道のために汗水を流しながら、肉体と精神を鍛えてきた武道精神のことを思い浮かべていた。この若者たちがいつかは、肉体的にも、精神的にも、また、剣道の技、心においても、この剣道の発祥の地である日本に追いつき、追い抜く時が来るであろうことを想像した。

私も、十年ほど前に、学生と一緒にロンドンへ行ったことがあるのだが、その時、防具を担いで行ったおかげで、ロンドン中央剣道連盟の道場で稽古をすることができた。あの時の指導者は、六段で、四、五十人の門弟を持っていた。初心者から四、五段の者まで、その指導者の下に一所懸命の練習であった。

その中に、仏教の信者がいて、小生が西洋の哲学に興味があるのでロンドンまで学生を連れてきたのだというと、彼は、仏教に入信し、日本の仏教の哲学を学んでいるのだと、しきりに語った。彼とは、その後、近くの居酒屋でビールを飲み、西洋の哲学を語り、仏教の哲学を語って楽しい一時を過ごした。私は、あまりにも気持ちが良くなり、持っていた竹刀をみんな彼にくれてしまった。

その翌日、彼はホテルに来て、私を近くの街に案内してくださり、一緒に昼食をとった。剣道に感謝である。もちろんその間、剣道のことを語り、哲学を語り、人生を語った。

髙﨑慶男範士を団長として北欧の三国に行った時も楽しかった。スウェーデンに行っても、ノルウェーに行っても、デンマークに行っても、剣道を通して汗をかくと、すぐに仲良しになり、その後の会話が弾んでくる。スウェーデン人でも、ノルウェー人でも、デンマーク人でも、日本人でも、剣道をするという意味においては、同じである。不思議である。これはいったい何であろうか。

剣道というのは、まことに不思議な武道で、いわゆる、スポーツと区別されるゆえんはそこにあると思うのだが、私は「剣道」は「剣道」である、と信じている。柔道とも違うし、空手とも違う。やはり、「剣道」は「剣道」だ。私は、若い時は柔道と空手をやり、三十歳を過ぎてから剣道をやりだしたのだが、私の拙い体験からも剣道は柔道と違うし、空手とも違う。その理由は、と問われたら、簡単には答えることはできないが、私は私なりの理由を今では述べることができる。

剣道は「剣道」であるという意味は、剣道は「修行」である、ということである。それならば、柔道も空手も修行である、といって、剣道だけが特別な武道であるとは、容易には認められそうもないが、それでは、「剣の理法の修錬による人間形成」、となると、これは柔道とは違うし、空手とも違うことは明らかだ。やはり、「剣の理法の修錬」というのが、いちばんの説得力となる。

次に私が考える違いというのは、剣道には伝統がある、ということである。武蔵の『五輪書』、柳生宗矩の『兵法家伝書』、沢庵の『不動智神妙録』、これらの兵法家、あるいは思想家が剣道の伝統をつくってくださり、伝えてくださった伝統と歴史がある。ここのところも、他の武道と妥協できないところであろう。

さらに、それらの伝統を受け継いでくださり、現在まで伝えてくださった先輩諸氏に、感謝申し上げたい。そしてまた、これらの伝統を後世に伝えるべく、全日本剣道連盟を創設され、日本剣道形を太刀七本、小太刀三本にまとめられたこと、試合・審判規則など、これ以上は私の技量では語りつくせないのでこの程度にするが、やはり、「剣道」は「剣道」である、ということになるであろう。

そのような意味において、剣道を求めて外国人も参加するようになったことは素晴らしいことではあるが、それらの人びとが、果たして純粋な意味において剣道の魅力を感じて求めてきたのかどうかを確かめてみる必要があると思うのだ。ただ単に、段が欲しくて求めているのではなく、本当の意味の剣道、つまり、剣道の精神を求めて修行しているものと信じたいのだが、果たしていかがであろうか。ただ、現在の日本の剣道界においてもそうであるように、果たしてどれだけの人が真の剣道を求めているか、という問題になると、これもまた難しい問題であるので、いくつかの条件をあげて考えてみないと、そう簡単には答えられない問題である。

それでは、真の剣道というのはどのような剣道であり、真の剣道家というのは、どのような剣道家を指すのであろうか。この問題について一度は論じてみる価値があると思う。

小川忠太郎範士が、あるところでこんなことを言っていたことを思い出す。それは「直心是道場」という思想についての見解である。ちょっと長いが引用させていただく。

〈昔、光厳童子が毘耶離《びやり》の城門を出て、閑寂の境に修行の道場を求めようとしていたとき、丁度維摩《ゆいま》居士が城に入って来るのに出会った。そこで光厳童子が、「どこからお帰りになられたのですか」と尋ねると、居士は「今、道場から帰るところです」とのことだったので、「それは耳よりな話です。実は私は閑寂な道場を探しているのですが、居士が行かれた道場はどこにあるのですか、ぜひ教えて下さい」と言うと、居士は「道場は外に求むるに及ばぬ。直心是道場、虚仮なきが故に」と喝破されたという。〉17

「直心」とは、「心」のことを言っていることは明らかで、もしも、「道場」というものが我々の「心」の中にあるとしたら、どこにいても修行ができることになる。小川範士は「直心」、つまり、「正しい心」が「道場であること」、その道場が我々の「心の中」にあることを教えているのだが、この意味するところを本当に実践するということになると、並みの修行者ではできない。

武蔵にしても、京都の「妙心寺」や「東寺」で修行をしたことは、彼の修行の過程においては大切なものであったことは疑いのないものであろうが、小川範士のいわれるように、「道場」が「心の中」にあるということになれば、どこにおいても修行ができるということになるし、武蔵が諸国を漫遊し、数々の試合をしながら、技を磨き、心を磨いたことは、正しく、この「直心是道場」の教えに従ったものと理解できる。そのように考えるなら、武蔵の『五輪書』の中心思想として理解される「万理一空」という思想も、「宇宙」とか「自然」というように考えるのが理論的には正しい、と思われるのだが、一方、立場を変えて考えてみるなら、「万理一空」という思想は、小川範士がいわれる「直心是道場」という思想を表わしたもの、と受け取ることもできる。中国に渡って修行し、日本に帰って真言密教を深く研究し、日本的な密教を開創された空海は、高野山に私寺としての「金剛峰寺」を開き、京都に官寺としての「東寺」を開き、密教の普及に努めることになるが、四国をはじめとして、日本全国をくまなく歩いて修行されたその姿は、正しく「直心是道場」の思想によるものと理解される。そしてまた、「東寺」で修行され、「鷲の図」「竹林の図」を残された武蔵も、空海の「直心是道場」の思想に感銘され、その力にあやかって修行されたものと推察できる。つまり、密教の力とは、「行動の力」である、ということができる。

つまり、剣道というのは、「行動する哲学」であること。もしそうなら、剣道の「道」は果てしなく続いているのであるから、「道」の続く限り、六段になろうとも、七段になろうとも、八段になろうとも、修行し続ける、これが剣道であろう。

そのように「剣道」を「剣道」として捉え、「道」として捉えている者同士が、国を超えて京都大会に集い、互いに切磋琢磨して、「技」を磨き、「心」を磨いて、本当の意味の「剣道」が出来上がるなら、それこそ最高である。その日が訪れるのもそう遠くはないのであろう。メルシー、グラチ、ダンケ、シェシェ、サンキュー、有難う。

17　小川忠太郎『剣道講話』P148

⑾剣道漬け　留萌の柴田節雄範士

京都の漬物は美味しいことで有名で、女房によく漬物を買ってきてくれと頼まれるのだが、その漬物の中に「剣道漬け」という漬物があることを知った。この「剣道漬け」という代物は、京都大会のために上洛する者だけが知っているもので、あらためて「剣道漬け」といわなくとも、「行動」としては、皆さん、「剣道漬け」の剣道生活を京都大会において実践しているものと思われる。

私が「剣道漬け」という言葉、「剣道漬け」という生活が京都大会にあることを教えていただいたのは、北海道・留萌の柴田節雄範士であった。柴田先生は、京都の武道専門学校の卒業生で、京都大会の隅々まで知っておられる先生で、その柴田先生がよく、「剣道漬け」になれ、と言われたことを記憶している。柴田先生によると、心も体も、すべて「剣道」にすること、これが「剣道漬け」の意味である。京都大会に集う武者たちと対戦するためには、「剣道漬け」になることが一番で、それがなければ、審査においても、立合においても、普段の力を発揮することができない。つまり、「剣道漬け」とは「平常心」を養うための方便なのである。

柴田先生によると、五人なら五人、六人なら六人の人が「組」になり、朝昼晩の生活を共にすること、これが柴田先生流の「剣道漬け」の方便である。朝稽古が六時半から始まるとすると、六時にホテルのフロントに集合、そのためには五時半に起床していなければならない。柴田先生を先頭に武道センターに入り、稽古は最初、柴田先生から始まり、あとは自由に稽古をして、八時にセンターの正面玄関に集合して、一緒に帰る。ホテルに着いたら、一緒に風呂を浴びて、一緒に食事をする、お茶を飲む。昼を一緒にとる。ちょっと休んで、午後三時からの道場連盟の稽古に出る、それも一緒である。夕食は、近くの安い、それも、柴田先生が学生の時から行きつけの店である。京都の四日間、五日間は、すべてこのように「剣道漬け」である。

最初は、なかなか寝付かれない、鼾《いびき》をかくもの、おしゃべりするもの、歯軋りするもの、トイレに立つもの、お客さんが来る時もあるし、遅く帰るものもあるし、共同生活には馴染めなかった。それでも、二日たち、三日たち、四日たつうちに、そのような生活も楽しいものとなる。もちろん、時には叱られることもあるし、注意をされることもある。しかし、そのことにも慣れてくると、すべて自分のためと思えば、あとは楽である。「剣道漬け」、これが剣道の心である、と思えば、また、これが京都大会であると思えば、しめたもの。

「剣道漬け」という言葉と似ているものに「三昧」という言葉があることに気がつくのだが、その「三昧」という言葉について、ここで蘊蓄を傾けてみたい。「三昧になる」という言葉を教えてくれたのは小川忠太郎範士で、範士の著書の『剣道講話』の中にそれが出てくる。

〈修練する上において大事な点が一つあります。それは一心ということです。いい加減な気持でやっていては、極端に言うと一生涯やってもだめです。一心にやるということがポイントです。禅ではこれを三昧といっております。〉[18]

「三昧」という言葉は禅の言葉で、意味は「一心にやること」であると言う。そうすると、「剣道三昧」というのは「剣道漬け」のことであると言い換えることができる。

小川範士の説明は、さらに「三摩の位」の教えと比較して、このように説明される。

〈三摩の位は道を得るための手段です。これを別の言葉で言えば、涅槃経にある「聞・思・修」です。「聞」ということは習う、正師から習うということです。「思」ということは工夫する。「修」ということは実行する。「三摩の位」と同じですよ。これでどこへ行くかというと、「三昧」に入る。「聞・思・修」より「三昧」に入るのです。三昧が秘訣です。〉[19]

「三摩の位」の教えによれば「習・工・錬」となり、「涅槃経」によれば「聞・思・修」になる。これらの教えは同じ教えで、「三昧」になるのが秘訣であるという。つまり、「三つ」の教えが「一つ」になるということ。これは正しく「密教」の教えで、「密教」においては先にも述べたように「地・水・火・風・空」の働きが「一つ」になることであるので、そのような意味において、「三昧」になるということは非常に大切なことで、逆に「一つ」にならなければその働きは期待できないことになる。いわゆる、悟りの境地に達することができない。そのように考えるなら、「三昧」とは「悟り」のことなのだ。そしてまた、「剣道漬け」というのも「悟りのための手段である」と理解することができる。

時が一年たち、二年たち、三年たち、四年たち、「剣道漬け」が始まって十六年目、今年も埼玉の水野仁範士と鳥取の小林正忠教士との共同生活という「剣道漬け」の生活を終えて北海道の田舎に戻ってきたが、その「剣道漬け」のおかげで、翌日からすぐに稽古に入ることができた。それも、京都で買ってきた酒と漬物が添い物として助けてくれるので、「剣道漬け」の味はますます旨みが出てきて、稽古の仕方も変わってくる。大根の漬物、ナスの漬物、ゴボウの漬物、カブの漬物、それに、酒は「月の桂」の濁りと原酒「玉乃光」など、「剣道漬け」の生活にはもってこいの道場、「直心是道場」の場が用意されている。これなら「剣道漬け」もいいものだ。「直心是道場」というが、酒があり、漬物があるなら、小生のような怠け者でも何とかやっていけるだろう。般若経、般若湯、色即是空、空即是色。おやすみ。

18　小川忠太郎『剣道講話』P19
19　前掲書　P44

京のやさい達
鹿ヶ谷かぼちゃ
加茂茄子
聖護院大根
二〇〇九年五月十日
唯山

⑿精神の人　髙﨑慶男範士

七十五歳で八段に合格され、八十五歳で範士になられたお人に髙﨑慶男先生がおられるが、私が髙﨑先生に稽古をいただき、親しく会話ができるようになったのは、全日本高齢剣友会の海外研修旅行にバルト三国まで一緒に行くことができたおかげである。

あれは何年前であっただろうか。髙﨑範士を団長に、橋本教士を副団長にして、約三十人の剣士が成田空港から一路バルト三国へと飛び立った。二週間ほどの旅程であった。高齢剣に参加している人たちであるので、皆六十歳を過ぎていたが、意気は軒昂で、防具を背負って、北欧の国へ親善の旅に出かけた。

驚いたことが二つあった。その一つは、どこに行っても剣道を求めている人がいる、ということである。日本からの留学生が先生であったりすることもあるが、たいていは海外に在住の日本人、つまり、外国勤務の日本人がどこに行ってもおられて、その中に剣道を続けておられる人がいる、ということ。これには頭が下がる思いであった。なぜなら、日本で剣道を続けることでも難しいのに、海外で、それも指導者としてどのような稽古をしておられるのであろうか。聞いてみると、日本から高段者の先生方がお出でになる時に、講習を受けたり、錬成会に参加したり、あるいは昇段審査を受審したりして、自分の剣道を磨き、その教えをもとにして、外国の地で練習を続ける、というのである。これには頭が下がった。正しく「直心是道場」の精神である。

もう一つ驚いたことは、英語はどこに行っても通じる、ということである。ノルウェーに行っても、スウェーデンに行っても、デンマークに行っても、英語を話す人がなんと多いことか。試しに我々を観光案内してくれたバスの運転手、あるいはタクシーの運転手にしても、皆、英語が上手である。また、道行く人に話しかけても、私の経験では、皆さん、英語を理解し、英語が通じるのである。もちろん、ホテルで働いている従業員は皆、英語が堪能である。また、現地で行なわれる親睦会においても、皆さん英語を話し、理解し、その上、教養もある。

ちょっと横道にそれてしまったが、何はともあれ、高﨑範士を団長としてバルト三国に行った時のこと。高﨑範士は、ご高齢ながら、剣道はもちろんのこと、話にしても、酒にしても、まったく姿勢は崩さず、絶えず正しい姿勢で酒を飲み、剣道談義に花を咲かせ、周りの人に気を使い、人を魅了する。これが高﨑範士であった。

翌年の北海道で行なわれた高齢剣の例会においてである。私も参加しようと出かけてみると、そこにまた、高﨑範士と橋本教士がいらっしゃるではないか。もちろん、皆さんの稽古を受け、懇親会の席でも、酒、ビールを飲まれ、剣道談義は夜遅くまで尽きなかった。この精神は何であろうか。もう御年も八十五歳に近いと思われるのだが、姿勢、態度、話し方、稽古の仕方、そして、酒の飲み方まで堂に入っているのだ。

京都大会の折に、髙﨑範士が率いる「達磨会」の稽古があり、その稽古会に毎年参加させていただいているのだが、その面々たるや、髙﨑範士を筆頭に、遠藤正明範士、石塚美文範士、澤田功八段、大嶽将文八段、戸田忠男八段、豊村東盛八段、栗原正和八段、牧瀬憲保八段、佐藤信秀八段など、現在の剣道界の若き英雄諸氏先生で、これらの先生の胸を借りて、ある時には川端警察署の道場で、ある時は、武道センターでと、毎年稽古をいただいてきた。これもすべて、髙﨑範士の大きな心のおかげであると感謝している。

一昨年の九月であったろうか。卒業生の結婚式があって新潟に行った折、佐藤伸八段に案内された道場が小杉耐三先生の道場であった。驚いたことには、そこに髙﨑慶男範士がおられるではないか！　向こうも驚いたが、私も驚いた。どこに行っても剣道のあるところには髙﨑範士がおられるのだ。もちろん指導稽古をいただいて、昼食までいただいて帰ってきた。向かい合わせで蕎麦を食べながらの話であったのだが、さかんに「健康で剣道を続けられるのは、親のおかげである」と言っておられた。聞くところによると、昔は、どこかの銀行に勤められ、趣味として絵も描かれるとのこと。なるほどと思った。髙﨑範士の現在があるのは、武蔵のいわれる「文武二道」の精神を実践すべく、修行された賜物であると、心から敬服した。合掌。

⒀秘密の巻物　佐藤伸八段

佐藤伸先生は、昨年の京都の審査で、見事七十四歳にして八段に合格されたお人である。何回目で合格されたのか定かでないが、昭和五十年に七段に合格されているので、恐らく二十数回は挑戦されておられると思われるのだが、その剣道に対する情熱は、身体全体が剣道という言葉がぴったり当てはまるような剣道大好きの剣道家であると思う。お酒も大好き、話も大好き、親切も大好きというお方で、私が水野仁範士とホテルが同じ、それも同室であるということで、私のような者にも、あれこれと指導をしていただいている。

昨年の京都の八段審査会において、佐藤先生は「俺の稽古を見たか。俺の今日の稽古は最高であった。絶対に一次は入るぞ」と言っておられた。自信があったのだろう。そして、そのままの勢いで二次も合格された。見事な立ち合いであった。あの時の佐藤先生の姿、形は、正しく「剣道の鬼」であった。私も背丈は大きくないほうだが、佐藤先生は、私よりももっと小柄であるのに、その剣道の激しさ、強さ、体の移動の俊敏さは見事なものである。

ある時、佐藤先生の新潟の家に招待された。卒業生の結婚式の折である。新潟体育館での稽古、小杉道場での稽古を終えての帰り道、温泉につれていっていただき、その足で私を自宅に招待してくれた。

案内された床の間に、剣道教士七段の免状のほかに、居合道七段、抜刀術六段の免状が並び、佐藤先生の剣道に対する思いが、深く、熱く、じわりと伝わってきた。酒を飲みながらの剣道談義が始まった。私も、佐藤先生に勝るとも劣らない剣道気違いなので、酒の勢いも手伝って、剣道談義が延々と続いた。佐藤先生が、大切そうに木の箱を持ってきた。がしかし、何か大事な巻物のようなものをチラリと見せてくれたが、その巻物は、元の場所に納められ、別のものを出してそれを私に見せながら、語った。

「ここには、俺の剣道の宝物が入っているのだ。ほら、これは岡憲次郎範士の講演録で、これなんかはあんたにくれてもいいが、こっちのほうは駄目だ。なぜなら、この教えは、ある先生にねだって教えていただいたもので、『越乃寒梅』を何十本も何年もかけて贈って、やっと教えていただいたものなので、これだけはあんたにも教えられない。でも、あんたは遠くから来てくれたので、ちょっとだけ教えれば、刀を握る時に、指で握るのではなく、指の指紋部で押さえるようにするといい」

それから、佐藤先生の刀の話が始まり、居合刀を用いての素振りが始まった。座布団を敷いて、その上に刀の刃が下りてきても、畳を切らないようにするためのもので、立ち膝をしながらの素振りが始まった。ピュ、ピュ、ピュ、と小気味よい刃鳴りがする。

「いいかい。頭の高さくらいのところで、このように手首を使って、手の内でしめる。握る時は、握るのでなく、指の指紋部を使って押さえるようにする。刀に重さがあるので、その重さを利用して、刀に特別な力を入れないで、このように手首を使ってしめる」

言われる通りやってみるが、未熟な私にはそのような素振りはできない。その時、息子さんが入ってきたので、佐藤先生は息子さんに振らせる。息子さんの素振りも同じように、鋭い刃鳴りをさせて、小気味よく刀が空を斬る。酒の酔いもだいぶ進んできた。「雪中梅」の四合瓶の二本目が空いた。

「いいかい。お土産にこの四合瓶の雪中梅をあげるからね。空いたらこのビンに砂を少し入れて、蓋をして素振りをすればいい。素振りの仕方は、手首を鍛えるのだから、自然に、力を入れずに、先ほどのように刀の重さを利用するようにして素振るのです。風呂に入った時も、手ぬぐいに水を浸して、振りかぶり、その先を放り投げるようにして飛ばしてやる。その時に、水が一直線に飛んでゆけばよいし、水が飛び散るようでは、まだまだ。その時の手の内が、いわゆる茶巾絞りだ」

佐藤先生の教えは、なかなか説得力があった。その後で、どのくらい刀を振ったかは定かではないが、酒を飲みながらの素振りであったので、酔いがかなり進んでいたのを覚えている。

とうとう、佐藤先生は、秘密の巻物は見せてくれなかった。しかしながら、函館への土産はたくさんいただいた。そのうちの一つが、酒瓶を用いての素振りで、早速、「雪中梅」をいただいた後、海岸に行って、壜の中に砂を入れ、今でもそれを振りながら、手首を鍛えている。また、風呂に入った時も、手ぬぐいに水をたっぷり浸して放り投げるように素振りをしている。なかでも、感謝していることは、竹刀を握る時、あるいは、刀を握る時に、力を入れて握るのでなく、指紋部で押さえるようにして握るように心掛けている。佐藤先生は、平成二十年五月に京都での審査会で見事八段に合格された。おめでとう。感謝。

⒁基本即極意　柴田節雄範士の剣道墓参旅行

昨年の八月の末、埼玉の水野仁範士、伊藤弘道教士、鳥取の小林正忠教士、函館の野呂譲三教士、それから、私の五人で札幌にある柴田範士のお墓をお参りしながら、北海道のいくつかの道場を訪ねることにした。尋ねた所は、函館を基点にして、札幌、留萌、稚内、猿払、旭川の六ヶ所であった。七泊八日の旅であった。

函館の道場は、澤田八段の「岩見道場」であった。四十人ほどの剣客が集い、なかなかの盛況であった。その後、五稜郭町のホテルでシャワーを浴び、近くの「粋匠」という料亭で懇親会が開かれた。二十人ほどの剣客が酒と剣談に花を咲かせた。その時、二次会に行ってカラオケを歌ったのは七人ほどで、また楽しい一時を新たに加わった。ところが、明日から始まる旅行の運転を勤める野呂さんの姿が突然消え、しばらくしてからトイレから現れた。下痢に襲われたといい、食あたりであった。これには困った。もしも、下痢が止まらず、夜中に何かが起こったら、この旅行は中止せざるをえない。とっさに海外旅行好きの女房に、下痢止めの薬がないかと問うと、あるというので、カラオケからホテルに帰る途中に寄ってもらって、早速野呂さんに飲ませた。その薬が効いたらしく、夜中も、旅の途中も、何の病状もそれ以上起こらず、無事に旅を続けることができた。

翌日、札幌に向けて十時に函館を出発した。途中、大沼の野呂さんの家に寄り、家を見せてもらってから旅を続けた。国道五号線に出てすぐの所に、私の親戚の「鯉のあらい」をつくって売っている宮﨑保君の店を訪ねて、そこで、大沼名産の「わかさぎ」の佃煮を買った。いよいよ、これから札幌まで六時間のドライブである。

札幌の宿舎は「北二条クラブ」で、ここは剣友の西村さんが紹介してくれた所で、北海道電力の保養所で、とても閑静な宿であった。そこには、留萌の荒井隆次教士が待っていてくださった。荒井先生は、柴田範士の高弟で、東京の美大出のエリート剣士で、優しい、親切な、文武両道を求めている人である。その荒井先生が、我々を待っていて、懇親会にも参加され、翌朝、柴田範士の墓を案内してくれた。

墓は、札幌の南に位置する、静かな佇まいの墓地の一番上の一角にあり、見晴らしの良い場所に位置していた。そこからは、下の景色がすべて見えた。墓石が数多く立ち並ぶ中に、ひときわ目立つ墓石があり、そこが柴田範士の墓であった。墓石には、柴田範士の大好きな言葉、「基本即極意」が刻まれていた。荒井先生が用意してくれた花や線香や供物を供えて、それぞれがお参りを済ませた。車の中では、柴田範士の思い出話に花が咲き、あっという間に留萌の宿に着いた。

留萌に着くなり、留萌市体育館に集い、そこで錬成会が開かれた。ずいぶんと多くの人が集まり、水野先生を中心に稽古が開始された。

その晩は、水野先生を囲んでの懇親会があり、その場所は、柴田先生のご自宅近くの「将軍」という居酒屋であった。その居酒屋は、柴田先生の剣道を求めてやってくる剣士たちの思い出の場所で、三十人ほどの人が集まった。留萌の人、稚内の人、旭川の人、羽幌の人、札幌の人など、柴田範士から稽古をいただいた人が集い、思い出話に花が咲いた。近くのスナックに流れて、皆でガヤガヤやり、そのうちに野呂先生の「江差追分」が始まり、北海道の雰囲気になった。

〽かもめの鳴く音に、ふと目を覚まし、あれが蝦夷地の山かいな、ソイーソイ

なかなかの美声であった。私のほうにも順番が廻り、私は十八番の「秋田音頭」を口ずさんだ。

〽ホレホレ、チョイナ、秋田名物、はずもりはだはだ、男鹿でおがぶりこ、能代しゅんけい、檜山なっとう、大館まげわっぱ、アーソレソレ

翌日は、留萌地区の剣道大会があり、水野先生の五人掛けなど、素晴らしい大会の幕が切って落とされた。大人、高校生、中学生、小学生、ものすごく大きな大会であった。

大会が終わるや否や、次の逗留地、稚内へ向かった。稚内には遅い時間に着いたので、そ

の日は泊まるだけで、稽古と懇親会は翌日になっていた。翌日、少し時間があったので、宗谷岬見物としゃれ込み、みんなで「宗谷岬」の歌を歌いながらダンスをした。稚内は伊藤善美教士が案内してくれた。

〽流氷とけて、春風吹いて、ハマナス揺れる、宗谷の岬……

四時頃から稽古が始まり、二時間くらいであったであろうか、水野先生による昇段審査の要領の講演もあり、六時くらいから懇親会が始まった。稚内では、山口淳一教士にずいぶんとお世話になった。

翌日、水野範士と伊藤教士が稚内空港から東京に帰ることになり、二人を見送って我々は、卒業生の待つ猿払の道場へとオホーツク海に沿って下ることになった。

猿払の村で働く浜田雅夫君は、村の養老院に就職し、介護士として老人の世話をするかたわら、村の子どもたちに剣道を教えている。村の人口は三千人ほどだが、剣道を習う子どもの数は、五十人に及び、村の期待がかかる大切な武道である。浜田君は、函館大学の卒業生で、全日本学生剣道選手権大会ベスト32の猛者である。その彼が、北海道の外れの宗谷の岬の小さな村の介護士になって剣道を教えながら、子ども三人、五人家族を養っている。

村に着くや、道場に案内され、五時頃から稽古が始まった。あまり広くはないが、道場としては最高の道場で、とくに子どもたちがのびのびとして練習する姿は、見ているものをほのぼのとさせるものがある。安心できるのだ、なぜなら、そこには何の汚れもない、子どもらしい子どもが、純粋に剣道を求めて、若き指導者から剣道を学んでいる。彼も、六段をいただき、七段を求めて現在修行している。その姿が、子どもたちに映るのであろうか。そうであるに違いない。やはり剣道は、武士の後ろ姿なのであろう。理屈も大切、いや、もっと大切なのは、自ら進んで剣道の手本を行動として見せることができるかどうかだ。つまり、教えることは学ぶこと、ということである。小川忠太郎範士の言われるように、指導者は、最高の指導者でなくとも、正しい道を求めている人であれば、立派な指導者になれる。家族を大切に、剣道の道を大切に。

七時頃より懇親会が始まる。村の人たちが、スイカを持ってくる、ホタテ貝を持ってくる、鮭を持ってくる、酒を持ってくる。道場での楽しい宴会が始まった。村の人たちの会話は元気がいい。なぜなら、オホーツク海に撒いている養殖のホタテ貝が、一年もの、二年もの、三年ものと自然と大きくなるし、畑には、カボチャも、スイカも、トウモロコシも、たくさんある。さあ、今日は大いに飲もうよ。

参加者の中に近くの小学校の校長先生がいて、現在七段をめざしており、夕方の練習の時も熱心に基本稽古をされていた。酔うほどに、酒の勢いも手伝って、剣道の話になり、どうしたら「気剣体一致」の打ちができるようになるのか、という話になった。この問題は、私にとっても大問題であるので、話が盛り上がり、箸を持っての説明やら、その理解の仕方やら、自分の剣道理論を振り回すやらで、話が錯綜することもたびたびであった。

野呂先生は、社会体育指導員の上級の資格を持っていることもあり、自分の習ったこと、自分の教えられたことを主張する。宴会場が武道場ということもあって、野呂先生は、竹刀を持って立ち上がり、校長先生に剣道の指導をしはじめる。鳥取の小林先生は、おとなしい人なので、口数は少ないが、立派な剣道をする方なので、「気剣体一致」の打ちについては、己の持論を持っている人で、聞く人はその説に従うことになる。

酒の勢いも手伝って、朝稽古をすることになった。六時に稽古を開始し、その後で勤務に就くという。翌朝、竹刀の音で目を覚ます。校長先生はじめ、数人の剣士が揃っていて、朝稽古の準備ができていた。剣道形にある面打ちの原形から始まり、一足一刀の間からの面、相手が入ってくるところを打つ出ばなの面、大きい面、小さい面と一時間くらい、それだけをくり返し練習した。私は、指導するというよりも、自分の面の打ち方、足の使い方、打った後の姿勢など、すべて自分の稽古と心得て、稽古をさせていただいた。それにしても、浜田君は、この北海の地の果てにいて、一所懸命福祉の仕事に精を出し、家族を養い、その上、剣道を忘れずに求めている、その姿勢に感激。感謝、感謝。

朝ご飯をいただいてから、最後の訪問地、旭川に向かった。旭川には、剣友の大西三郎先生が待っておられる。大西先生は、私と同年輩で、八段の一次審査に何度も合格されたお方で、私の二番目の息子の恩師でもあることから、付き合いは長い。私の剣友の中でも、最も信頼のできるお方で、何度も稽古をいただき、何度も一緒に講習会、錬成会に出席したお人である。

三年ほど前、八月の最も暑い日を選んで、熊本の山田博徳先生を求めたことがある。ちょうど私の七十歳の誕生日に合わせての計画であったと思うのだが、七十歳からの剣道を求める一つの踏み石になるようにと、自分を試すことも含めて、あえて厳しい時期に山田先生を求めた。大西先生の場合には、八段に合格するための、あと一歩の何かを求めることがその目的であったのだが、私の場合は、正しい面打ち、正しい小手打ち、気剣体の一致を求めるのがその目的であった。

熊本市の武道館の近くに宿をとり、五時に起床して、六時には稽古を始めて、私の場合は、面打ちの基本である「面の原形」をくり返し教わった。振りかぶってメン、振りかぶってメン、振りかぶってコテ、振りかぶってコテ。五日間、この練習ばかりであった。どうしても足のほうが速くなる、山田先生は、私の「気剣体の一致」を完成させるべく、何度も何度も懇切丁寧に教えてくださった。頭では解っていても、剣道は、それが表現できなければ意味がない。剣道は行動哲学である、ということは解っていても、どうしても気剣体の一致が微妙にくるう。右足を出し、上げたら、タンと打つ。これが難問だ。

熊本の太陽は、強く、焼きつけるような、そして、蒸し暑い。大西先生と、宿でぐったりなりながら、酒を飲むのが唯一の楽しみであった。剣道を語り、人生を語り、死の在り方を語る。これが私と大西先生との交流であった。その大西先生が、この度も旭川の懐かしい地で待っていた。稽古は、旭川医科大学の道場であった。

稽古は学生が二十人くらいと、大人の剣士が十人くらいで、あまり大きくない道場がいっぱいになっていた。稽古は、腰の調子が今イチだったので、大西先生との稽古をどうしようかと考えていたら、大西先生のほうから「稽古をお願いします」と言われたので、一本いただくことにした。道場の隅のほうであったが、大西先生は、一本も打たせない気迫の稽古で、なかなか間に入ることができなかった。とうとう、私のほうが焦れてしまって、面に打って出てしまった。そこを、胴に抜かれて、勝負ありであった。大西先生は、しばらく昇段審査も受けずに、札幌で行なわれる、ねんりんピックの剣道大会のために、勝つ剣道をしているのだという。いずれにしても、感謝。

六時頃より、ホテルのレストランで会食となった。大西先生と、あと二人の旭川の先生と、野呂先生と私の五人の宴会であった。鳥取の小林先生を待っていたが来ないので始めることにした。明日の朝、小林先生が鳥取に帰られるので送別の宴と思っていたのだが、部屋に迎えに行ってもいらっしゃらないので、残りの者だけで宴が始まった。

同席された七段の先生が、大西先生が八段に合格されないのをずいぶんと批判されて、それを肴に飲んでいたので、自分が挑戦なさらずに人を批判するのはおかしい、と言ってしまった。確かに、一次審査を何度も合格しながら八段になれないのは、批判の対象になるかもしれないが、私は、自分の息子の先生、大先輩として崇めている先生が、自分の目の前で批判されることには我慢ができなかった。それで、〇〇先生、先生も挑戦してみてから、人を批判してください、と言ってしまった。ちょっと、場が白けてしまった。

私もここまで剣の道を求めてきて、八段という段位は最高位の段位として崇めているし、そのような意味で、八段に合格された人はもちろんのこと、八段に挑戦されておられる人に対しても敬意を表することにしている。そのような意味において、大西先生は、何度も八段に挑戦され、何度も一次審査に合格されておられ、これからも挑戦する人であることを思うにつけ、剣道家として立派なお人であると信じている。

道を求めるということは、何か階段があって、その階段を一歩一歩上っていくことになるのであろうが、何もその階段が「段位」に限らないかもしれない。登っていく道がどのようになっているかは、私も解らぬが、易しい位のところから、難しい位のところへ、順に上っていくというのは、理解できる。三磨の位のように、「習・工・錬」の三段階で成り立っているのか。あるいは、無数の階段から成り立っているのか解らぬが、道としては「一本の道」があるだけだ、と信じている。武蔵の求められた「五輪」という密教の教えにしても、確かに「地輪」の上に「水輪」を、「水輪」の上に「火輪」を、「火輪」の上に「風輪」を、「風輪」の上に「空輪」を載せて「円輪」をつくる、ということになっているが、結局は、心の問題である、と武蔵もいっている。そのように考えるなら、段位というものも、現在は、八段が最高位となっていて、その上の位に「範士」の位があることからして、「範士」の位が最も高い位であることはわかるが、八段を合格してからが最も難しい修行に入るものと思われる。なぜなら、上にあるものというのは、確かにめざすものであり、求めるものであるのだが、求めるものは「大日如来」という「太陽」ではなく、「心」であるということに気がつけば、八段を求める者も、八段に挑戦している者も「同じもの」を求めていることに気がつくし、八段に合格してからもその「心」を求める、という点では、「道を求める」という意味においては、同じである、といえるのでないか。武蔵はそのことを「万理一空」と言い、「肉体の徳」を「魂の徳」にまで高めようと「剣の道」を求めたことを知る時に、私は、「大日如来」の教えがそうであるように、「頂点」は「心」という「基礎」の中にあることを知る時に、「頂点」とは、武蔵がいわれるように「心の心」、即ち「底の心」のことである、と思われてならない。

翌朝、小林先生は鳥取に発ち、野呂先生と私は、函館の地に戻ることになった。着いたのは、八時頃であった。野呂先生、八日間ご苦労さん。有難う。感謝、感謝。

⒂昇段審査というお化け

この世から盗人がなくなることはない、と言われた石川五右衛門ではないが、剣道を志す者にとっては、昇段審査はつきものである。級審査から始まって、段審査まで、それが八段審査までとなると、まっすぐ八段までいったにしても、二十回くらいは受審することになるであろう。その年数たるや、八段を四十六歳で合格したにしても、六歳から始めても、四十年はかかることになる。これは正しく修行である。

私の場合は、三十歳から剣道を始めたので、四十年かかるとすると七十歳がその年に当たる。ところが、私のようにその修行の在り方が悪かったために、四十年たってもまだ七段。まだまだ修行が足りない。そうなると、修行の中身が問題になる。当然のことである。

私は特例のおかげで、平成十七年から八段審査は数回受けることができたが、結果はかくの如し。やはり、七段合格してから十年というのは、八段の修業年限からいって当然であろう、と思う。四、五回挑戦させていただいたが、まだまだ道は遠い。受審してみてはじめて、八段の重みがわかるし、八段の意味することが解る。

それにしても、毎年、千四、五百人も受審するこの剣道八段の魅力とは何であろうか。これはただ単に、八段が欲しいとか、社会的に名誉が欲しいとかではなく、地位とか名誉を越えた何かがそこにあるからではないのか。それが八段の魅力であり、八段が我々の心をくすぐるものではないのか。武蔵が求めた兵法なるものも、「空之巻」にあるように、完全なる「善」、完全なる「徳」というものに達して、はじめて「空ずる」ことができたことを思うにつけ、八段というものも、何かそのようなものに達する、一つの道標であって、決してそれは到達点ではない。修行の道に到達点がないのと同じように、八段という段は最高位であるにもかかわらず、そこで止まっていては、八段の意味がなくなる。現在の剣道の修行の在り方としては、八段の上に「範士」の位が置かれているように、範士と八段との関係を考察してみるなら、その意味するところは、おのずからはっきりとする。八段をいただいた者は、範士をめざしてさらなる努力をする。それでは、範士を授与された者も、なぜさらなる努力をするのか。範士になった者も、結局は、その称号は人の手によって与えられたものであるのだから、今度は、天によって授かるものをめざしてさらなる努力をする、ということになるのではないだろうか。武蔵の生き方からすれば、当然そのようになるものと思われる。なぜなら、道というのは、永遠に続くものでなければならないものであるから、範士になっても道を求めるのは、至極自然のことである。「善」を求め「徳」を求めるところに道があるのであるから、範士を授与された者でもそのようにあらねばならないのは当然である。小川忠太郎範士も、どこかでそのように言っておられたことを記憶する。そのような意味において、京都大会においては、八段位の者も、範士の位の者も、相集いて、研鑽し合う、これが道として大切であると、実際にそのように行動として実践されているのは、素晴らしいことである。朝稽古においても然り、六時半から七時十五分までは指導稽古であるが、十五分からは八段、範士の者同士が、お互いに研鑽するようになっている、これこそが道としての証であると信じる。全剣連のこの方式は、昨年、日本武道館における合同稽古会に出席した時も、同じような方式をとられていたことを思い出す。素晴らしいことだ。これでこそ、剣道は道としての存在価値があるし、徳を求め、善の求める剣道家の在り方として、剣道を実践している者のみでなく、一般市民、また、外国においても高く評価されるゆえんがそこにあるように思われる。

⒃文武二道

私は、武蔵の「文武二道」というこの思想が好きだ。なぜなら、武蔵の『五輪書』を読み、武蔵の人としての足跡を辿っているうちに、武蔵は単なる兵法家ではなく、哲学者であり、芸術家であったと、信ずるようになったからだ。

今、武蔵のことを思い起こしながら、熊本で手に入れた「雁」の図を見ているのだが、その構図といい、筆の運びといい、色使いといい、なんと素晴らしいことか。一羽の「雁」が、葦の生える沼地で、獲物を狙って降りてこようとしている。その目の鋭さ、その嘴の先に何があるのかわからぬが、武蔵の目には当然ながら、その何かが見えていたのであろう。

佐々木小次郎との果たし合いをする三年前、武蔵が滞在していたという東寺を尋ねた時にも、あの「鷲の図」を観て、同じように、目の鋭さ、嘴の先にあるものを見ようとしていたことを思い出したのだが、武蔵のこれらの作品を見るときに、私は、密教の「マンダラ」の思想を超えた「何か」をそこに感じないわけにはいかなかった。つまり、私が言いたいのは、マンダラの図がそうであるように、武蔵の「鷲」も「雁」も、単なる芸術作品として静かにそこに鎮座しているのではなく、その図から飛び出して、我々に何かを訴えようとしている武蔵の「心」がそこにあるように思われてならない。

私は、先の章で、「鷲の図」を観ていて、武蔵の「二天一流」のことを思い起こし、二羽の鷲というのは、一つは「太刀」を表わし、もう一つは「小刀」を表わして、その姿を鏡に映したもの、と解釈したのであるが、今、このように「雁」の図を見ながら、そして、「鷲の図」と比較しながら観賞していると、それらは、武蔵が最終的に求められた「万理一空」という思想を表わしているものと推察される。もちろん、この推察は、私の独断と偏見によるものであるが、一つは、「観の目」を象徴し、もう一つは、その目の先にある「空」の世界を象徴しているものと思われてならない。換言するなら、その「空」の世界というのは、言うならば、「自然」、「宇宙」というとてつもなくでっかい世界のことであり、その中に「己」を捧げる、捨てる、付託する、という意味が暗示されているものと思われる。そのように考えるなら、この「文武二道」という思想は、単なる軽い意味のものではなく、もっともっと深くて、とてつもなく深遠なもの、と思われてならない。少なくとも、武蔵が東寺に滞在して、「鷲の図」を描き、また、さらにどこかで「雁の図」を描いたということは、『五輪書』の「五輪」によって暗示されるように、「地輪」「水輪」「火輪」「風輪」そして「空輪」という修行の過程、あるいは、結果にたどり着くもの、を表わしたかったのではないだろうか。

これは、私の単なる想像に過ぎないが、現在、京都大会が行なわれている場所が「武専」の跡であることを思うにつけ、正しく「京都大会」というのは、武蔵の「文武二道」なるものを象徴し、「文」と「武」とが「一つ」になる、いわゆる、密教の「多即一」の思想を表わしているものと推察するのだ。つまり、その思想とは、「万理一空」に通じるものである、と考えられる。

東寺の「観知院」を訪れた時である、そこには「五大虚空蔵菩薩」が祀られているのを知ったのだが、恐らく、武蔵もまた、東寺に三年間滞在した時に、これらの菩薩を拝され、菩薩の智恵を授かるように、「鷲の図」の製作に没頭されたものと推察される。このように考えるなら、「鷲の図」は、単なる芸術作品ではなく、先ほども述べたように、修行のための一つの方便として、精神を集中して描かれたものと思われる。つまり、大きな意味において は「円輪」という「空なる境地」を意味するものであるのであろうが、それを可能にするためには、どうしても、智恵の徳が必要になる。つまり、「観の目」という「心の智恵」である。その知恵のために、武蔵は東寺に滞在して、これらの菩薩から「知恵の徳」を授かるべく、修行したのではないだろうか。案内書の説明によると、「虚空蔵」とは「無尽蔵」「広大無辺の智恵」を表わし、「五つの智恵」を表わしている、という。その説明をもとにして

『五輪書』の意味するところを考察してみると、「五輪」というのは「五大虚空蔵」の「五つの智恵」とも重なり、それが「円輪」として「一つ」になった時に大きな力が授かるものと理解される。それが、いわゆる密教の教えなのであろう。

私は、ここで沢庵の説く「太阿《たいあ》の剣」の教えを思い起こした。

〈太阿の名剣とは、つまり心のことを指しているのです。この心は、人間が生まれ、生きているからあるとか、死ねば消滅してしまうというものではありません。だから本性というのです。〉[20]

沢庵が言われるように、武蔵も、最終的には、心の問題に迫り、「兵法」を求めることは「善」を求め、「徳」を求めるもの、であるという境地に達し、あらゆる道理を「一つ」に収斂させる、いわゆる「万理一空」の境地に達するように努力された、と思われるのだ。そのように考えるなら、「文武二道」の思想も、「二天一流」の思想も、「多即一」の教えを説く、密教の教えに包含されることになる。密教というのは、私が思うには、かようにも包容力のある教えであると思われ、そのように考えると、「自然」という思想も、「宇宙」という思想も、母のような包容力を持ったもので、その包容力で我々を包んでくれるものである。武蔵は、密教の教えに従い、「小宇宙」としての自分を、「大宇宙」としての「地」や「水」や

「火」や「風」や「空」に同化させて、「絶対の境地」に達しようとしたのではないだろうか。

20　沢庵宗彭『不動智神妙録』太阿記、池田諭訳、P189

⒄朝鍛夕練

剣道を志す者は、何であんなにも練習、練習と、練習ばかりしようとするのであろうか。ある人は、一日に三回も練習するし、暑いときには暑中稽古と言い、寒い時には寒稽古と言って、また稽古をする。しないと、取り残されたような気持ちになる。武蔵もまた、「朝鍛夕練」と言って、絶えざる練習を促し、小川忠太郎範士が説くように、剣道には「直心是道場」という思想が伝統的にあり、道場においてばかりでなく、「心」そのもの、「生活」そのものが「道場」であると説かれる。何故に、こんなに練習をしなければならないのか。

武蔵もそうであったように、私が思うには、「魂の徳」を養うためには、「肉体」を鍛えに鍛え抜いて「肉体の徳」を極めつくさないと「心の徳」とか「魂の徳」を極めることは難しい、と思われているからでないだろうか。

私が思うには、武蔵は確かに「朝鍛夕練」と言っており、この意味するところは、「肉体の徳」、即ち、「技」のみについて言っているのではなく、「魂の徳」、つまり、その中には、「心」の部分も含まれているものと考えられ、であるからこそ、「朝夕鍛錬し、おのずから兵法の道にかなうようになったのは、自分が五十歳の頃である」[21]と言われているのを知る時に、ますます「朝鍛夕練」という思想は、「肉体の徳」も「精神の徳」も、共に鍛えることを表わしていることは明らかである。

それでは、何故、「朝鍛夕練」でなければならないのか、その理由は、「体の中で一番強いのは、いつも使われ続けているところである」[22]という思想にあったのではないだろうか。そのような言い方は、武蔵の『五輪書』の中には出てこないが、その書物のはじめから最後まで、「朝鍛夕練」という思想がその底に流れていると思われるからで、いわゆる「修行」という思想がその底を流れている。

密教の「五輪」の思想である「地、水、火、風、空」の思想を実践することだけでも大変な修行であるのに、その上、「五大虚空蔵」の五つの智恵までも己のものにしようと努力をするわけだから、「精神」と「肉体」の両方が相乗的に強くなるように努力しなくては不可能である。そのように考えるなら、「文武二道」とか「二天一流」とか「観見の目付」という思想も、「肉体」のみならず、「精神」をも、完全なまでに高めようとする思想に基づいていなくてはならないものと理解できる。

〈若しも神が厳しく高尚な精神を試すとしたら、おかしいですか。たとえ、運命によって打ちひしがれ、切り刻まれても、それに耐えるように。それは、残忍なことでなく、何かを生みだす努力のもがきです。それを何時も行っていれば、ますます強くなるというもの。体の中で一番強いところは、いつも使われ続けているところです。〉[23]

武蔵があれだけの試練に耐え、「肉体」と「精神」の両方を絶対的な境地にまで高めることができた、ということは、武蔵は既に「高徳の人」となっていた、と考えられるし、もちろん、それは「朝鍛夕練」の思想によって培われたと考えることもできようが、私は、それを可能にしたのは、密教の教えによるものと考えたい。なぜなら、「密教の行者は、大自然の中にあって、仏と一体化を常に心掛けねばならない」[24]と言われているからだ。武蔵は「仏との一体化」を心掛け、「地の生命」「水の生命」「火の生命」「風の生命」「空の生命」と一体化しながら、兵法を極めたものと推察される。そこのところを捉えて、小川忠太郎範士は「剣の理法とは自然の理法である」[25]と言っている。私も、武蔵の『五輪書』の哲学は「自然の理法」にある、と信じている。

---

21 宮本武蔵『五輪書』松本道弘訳、地之巻、P42
22 セネカ On Providence Ⅳ、12
23 前掲書
24 松長有慶『密教』P212
25 小川忠太郎『剣道講話』P84

⒅京都の酒

京都の酒の中で小生の心を捉えて離さない銘柄は、何と言っても「月の桂」である。一度飲んだらやめられないところは、剣道と似ていて、そういう意味においては、酒も剣道も一種の「いい意味の麻薬」である。ましてや、酒も剣道も一緒となるのだから、その麻薬性は二倍になり、ますます小生の心を捉えて離さない。

五月四日に、東寺を尋ねた帰り道、三条の「大吉」という居酒屋に寄り、同室の水野先生と焼き鳥を突っつきながら、剣道を語り、人生を語った。水野先生とは、平成四年に楢崎先生率いる武蔵会が函館を訪れて以来のお付き合いであるので、もうかれこれ十七年の歴史が酒の中に入っている。したがって、話も、楢崎先生の話、東松山の話、明徳館の話など、語る話は尽きない。とくに、昨年は、留萌の柴田節雄先生の墓参剣道旅行が一緒であったので、北海道の各地を剣道をしながら渡り歩いたことなど、話は尽きない。函館を基点にして、札幌、留萌、稚内と、それはそれは楽しい旅行であった。この時もまた、酒と剣道の毎日であった。その剣道旅行の計画を立てたのもこの「大吉」という居酒屋であった。この「大吉」を教えてくれたのは、北海道の剣友野呂譲三氏で、その時は水野先生を囲んで、留萌の湯田先生、小澤先生、荒井先生など、七、八人がここの卓に座って、旅行の計画を立てていた。

東寺には野呂先生もご一緒していただいたのだが、野呂氏は堺のほうに帰らねばならないということで、今回は水野先生と小生の二人だけで「大吉」を訪れた。水野先生とは前の日の三日にもここに来て、酒と剣道の話をしたのだから、よくまあ、話が尽きないものである。二人の会話は、もちろん、東寺の武蔵のことが中心になったが、自然と、来年も一緒に京都に来ることができるといいなあ、というのが本音であった。水野先生は昭和十年生まれ、小生が十一年生まれであるので、来年のことはわからない。

剣道というのは、来年のことも大切だが、「現在」を大切にする、ということが心の奥底にあるのではないだろうか、とつくづく思うことがある。とくに京都大会においては、京都大会という「現在」が大切で、京都大会に参加しなければ、その「現在」が欠落することになる。恐らく、京都大会に参加される人たちは、みな京都大会の「現在」を大切にしているものと思われる。これは、剣道というものの特質で、「過去」がどんなであっても「現在」を戦い、「未来」のことをあれこれと考えては「驚・懼・疑・惑」という「四戒」を呼び込む恐れがあるので、「未来」のことはあまり考えない、ことにしているのかもしれない。また、この「現在」という考え方は、「瞬間を善処する」という考え方にも通じ、非常に興味深い思想であると思う。相手と対戦することは、「現在」と「現在」をぶっつけ合うことなのであり、「刀」と「刀」とを互いに接する時にそこにある語らいが、何かを語る、それが剣道の対話であるので、「現在」と「現在」の対話が剣道になる。そういう意味において、剣道は「現在」であり、「瞬間善処」であるといえる。

今年も京都大会に参加することができた。来年のことはわからない。わからないから今ある時間、「現在」を大切にする。これが剣道の生命であろうかと思われる。地元に帰ると、また、新たなる「現在」が待っている。その新たなる「現在」を大切にして善処する。そうすることにより、その善処が積み重なって新たなる「現在」が生まれる。そうすると、新たなる「現在」は前の「現在」よりも高い位の「現在」になる。これが剣道の「現在」だ。来年の京都大会の「現在」が楽しみである。

居酒屋「大吉」の近くの酒屋で「月の桂」を土産に買った。「濁り」を三本、「原酒」を三本の計六本を買い入れた。なぜ「月の桂」かというと、この「月の桂」には、ブドウ酒のような甘い潤沢な香りと味があり、女房が大好きなので、京都の帰りには土産として必ず買って帰ることにしている。そうでないと、来年は女房に反対されて来られなくなるかもしれないからだ。

女房のご機嫌を取るにはもう一つ智恵が必要である。それは、京都の「漬物」を買って帰ることである。「剣道漬け」は剣道家のものであるが、それでは女房は満足しない。「本物の漬物」のほうが効き目抜群。それで、ホテルに帰る途中で、五、六種類の漬物を買った。これで来年も京都大会に来られるというもの。

⒆「一つ」になる思想についての再考

拙著『剣道は私の哲学』[26]の『「一つ」になること』という章の中で、剣道理念の「一つ」という思想について書かせていただいたのだが、その時の澤部哲矢先生[27]との会話は、本当に楽しく、教えられることが多かった。互いに、姓名も知らぬ者同士が、剣道の哲学を語り、宇宙を語るのだから、こんな愉快なことはない。おかげで、澤部先生の京都大会での立合を、昨年も、今年も拝見させていただき、大いに勉強をさせていただいた。

それにしても、剣道理念における「一つ」の思想というのはなんと難しい思想であろうか。剣道の道を志し、剣の理合を求めれば求めるほど、「一つになる」という思想は、ますます遠くなり、深くなるような気がする。「気剣体の一致」という思想にしても「一つ」という思想がわからなければ、修行の過程で「気」の領域が強くならないこと、そしてその「気」の位がなければ、「剣」の位も「体」の位も高い境地に達することはできなくなり、その道は「迷い道」になるのが落ちだ。

私は、「一つになること」の思想を求めて、「東寺」という密教の寺を訪ねてみた。なぜなら、その寺は、武蔵が佐々木小次郎と巌流島で対戦する三年前に逗留した所であるからだ。東寺に近づくと、五重塔が見えてきた。五重塔は、午後の太陽に黒く輝き、青空にたくましく聳え立っていた。私は、心の中で、これが武蔵の学んだ「五輪」の思想を象徴する塔なのか、と烈しく心が騒ぐのを抑えることができなかった。一番下が「地輪」で、その上に「水輪」が載り、「水輪」の上に「火輪」が載り、その上に「風輪」が載り、一番上に「空輪」が載っていて、「空輪」の尖塔が宇宙の彼方をめがけて突きあがっている。なるほど、これが武蔵の求めた思想であり、「円輪」と呼ばれているものなのだ、と心を引き締めた。

その時、私は、なぜ武蔵は密教の教えを学び、その教えに傾倒したのか。また、なぜ佐々木小次郎と戦う前に、この東寺に逗留したのか、という疑問が沸いてきた。私の答えは、至極ありふれた考えであるが、武蔵の心は迷っていたのだ、戦うのが恐かったのだ、だから、武蔵は密教に傾倒していったのだ。果たして、私の推測は当たっているだろうか。

密教の教えとは「多即一」の教えであるとしたら、武蔵は「地」という「基礎」を何年かけて築いたのだろうか、持田盛二先生は五十年もの年月をかけて「基礎」を体で覚えた、という。空海は如何であったのだろうか。武蔵は如何であったのだろうか。「地」には「地」の法則があり、「水」には「水」の法則がある。「地」に水を与えてはじめて「生命」が誕生するのだが、その「生命」を「己が命」として己自身にどのように吹き込んだのだろうか。武蔵は、「水を手本として、心を水のように自在となす」[28]と言っているが、古代ギリシャの哲学者のように「水」を「魂の本体」[29]として捉えていたのだろうか。そして武蔵は、一人の修行者として、「大自然の中にあって、仏との一体化を常に心掛けた」[30]のだろうか。

私は、梅原猛氏が「密教が神道と同じ自然宗教であったことに注意したい」[31]と言っているところに注目しているのだが、武蔵は、恐らく日本の宗教の「神道」と「密教」という仏教の力の両方を併せ持つところの「大自然」という力に着目したのではないだろうか。そうすることにより、武蔵は、沢庵がそうであったように、「特定の神、特定の仏」[32]に頼らない「もっと大きな神、もっと大きな仏」という限定されない「一つの力」を持つことを狙ったものと思われてならない。確かに、梅原氏がいわれるように、「神道」は「多の多」の崇拝であるのに、密教は「多の一」であるので、その二つの思想を統合するのは難しいように見えるが、しかし、密教も「自然神」であり、「神道」も「自然神」であることを思う時、「自然神」同士が融合することは、そんなに難しくはないのではないだろうか。

〈この密教によって、初めて神と仏は結びつき、神仏混合が行なわれたのである。そして、両部曼荼羅のようなものが作られ、神と仏は仲よく共存するのである。こうして、このような生命への崇拝は、おそらく日本民族の中心を流れる哲学となるのである。〉[33]

戦いを前にして、武蔵は何かに頼りたい、今まさに、佐々木小次郎と戦う心の準備をしている時に、東寺を訪れる。東寺で密教の教えに触れた武蔵は、もちろん「五輪」という教えにひれ伏し、そこから何かを得ようともがき苦しんだに違いない。「地」の法則、「水」の法則、「火」の法則、「風」の法則、そして「空」の法則、それらを「一つ」に「統一」すること、これが密教の「多即一」の教えであるからだ。

　東寺の中に入ると、観智院の壁に描かれた「鷲の図」が目に入る。二羽の鷲が、壁一面に、所狭し、と羽ばたいている。私は、「鷲の目」に睨まれて動けない。正しく、投網にかかった魚である。動けない。岡山の石原範士は「しびれさす」ということの喩《たと》えを「相手に目に見えない投網《とあみ》をかぶせる」[34]と言われているが、正しく、私は、武蔵の「鷲の目」に「しびれて」動けなくなってしまった。この二羽の「鷲の図」は、私が思うには、武蔵の「二天一流」の構えを表わし、その構えは、武蔵自身が「自然」と一体化した「真の自然体」[35]を表わしているのかもしれない。私が思うには、武蔵の「万理一空」という思想は、自然の持つ「万理」と一体化すること、つまり、自然と「一つ」になることであると思うのだ。そうなると、石原範士が言われる「真の自然体」という思想が、それに当たるものと思われる。

　澤部先生、先生にお会いしてから三年たちましたが、私は今なお「一つになる」ことの難しさを、あれこれと考えたり苦しんだりしております。それもすべて、澤部先生と出会ったことが基になっております。結局は、剣道というのは、この「一つになる」心を、「源泉」として、「始原」として、魂の奥に置いておかなければならないものなのでしょう。なぜなら、魂の中に太陽のような「光の源泉」を置いておかなければ、心の中から光は輝いてこない、ことになるからです。

　石原範士が、武蔵の「残心・放心の事」について述べられているところがあるので、そこのところを見て、この項を終りたいと思う。

〈残心《ざんしん》・放心《ほうしん》は、事により時にしたがふ物也。我太刀を取て、常は意のこころをはなち、心のこころをのこす物也。〉36

武蔵の「意」と「心」の問題を、「意のこころは、表面《うわべ》のこころですよ。心のこころは、底の心ですよ」と教えてくれた森田文十郎範士の言葉を研究された石原範士の蘊蓄は深くて、興味深い。それは、「心」を「表面のこころ」と「底の心」とに区別されているところで、これは正しく、武蔵の「意のこころ」と「心のこころ」に該当する部分で、石原範士が、「剣道の心」をここまで考えておられることに深い感銘を受ける。結論から言って、「底の心」というのは、武蔵の「心のこころ」を表わし、いわゆる「平常心」がこの「心のこころ」にあたり、「底の心」にあたるものと思われる。このように考えるなら、「一つになる」という思想は、「心のこころ」を創ることであり、「底の心」を創ることにあたるのではないだろうか。来年の京都大会の折に、もう一度、澤部先生にお会いしてそのことを語り合ってみたい。

26　宮﨑正孝『剣道は私の哲学』P75

27 元神奈川県警察剣道首席師範
28 宮本武蔵『五輪書』松本道弘訳、地之巻、P54
29 松長有慶『密教』P220
30 前掲書　P212
31 梅原猛『地獄の思想』P19
32 沢庵宗彭『不動智神妙録』池田諭訳、P121
33 梅原猛『地獄の思想』P20
34 石原忠美『活人剣・殺人剣と人間形成』P61
35 前掲書　P61
36 宮本武蔵『五輪書』鎌田茂雄註、P257

⒇剣道強くなりたいかい

三条の居酒屋で飲んでいた時のことである。行きつけの「明日香」という居酒屋で、遠藤正明先生と林朗先生と私の三人で、二階の和室で、焼き鳥、牛すじ、豆腐、枝豆などを突っつきながら、ビールや酒をいただいて、だいぶいい機嫌になった頃、遠藤先生が、私に、もちろん冗談であったのだろうが、「宮﨑先生、剣道強くなりたいかい？」とニコニコ笑いながら尋ねた。私は、真顔で「強くなりたいです」と答えると、「それでは明日、三時に武道センターで会いましょう」。そう言って、三人は別れた。

剣道というのは、不思議な魅力があり、年をとっても、若くとも、強くなりたい、という気持ちは変わらないと思うのだが、私もまたその例に漏れず、強くなりたいと思っていたし、今でもそうである。私が、七段をいただいてすぐの頃か、だいたいそのぐらいの時である。遠藤先生は、世界大会団体優勝、全国警察官大会個人優勝、全日本八段選抜大会優勝など、多くの大会で最高の実績を残されたお方で、その先生が、剣道が強くなる方法を教えてくれるというのだから、これ以上のことはない。また、林朗先生も、全日本選手権大会優勝、世界大会団体優勝、都道府県対抗優勝など、多くの大会で最高の栄誉に輝いた方であり、その両先生が、たとえ冗談であろうとも、剣道の強くなる方法を指導してくれるというのだから、三時になるのを待ちかねて、二時くらいには武道センターで待機していた。

二時四十分くらいに、遠藤先生と林先生が現われて、遠藤先生が「さあ、それでは宮﨑先生、強くなる方法を教えますよ。竹刀を持ってきてください」と言った。私は、胸をどきどきさせながら、竹刀を持って出ていくと、センターの片隅のほうに進みながら、「いいですか、壁のこの縦の線に合わせて、竹刀を上下に振ってみてください」と言う。私は、言われるままに、竹刀を上下に五十本ほど振ると、それを見ていた遠藤先生は、「竹刀を上げる時と下ろす時の上下の線がブレているでしょう。これが真っ直ぐできなければ正しい打ちにつながらない。しばらく、この上下振りをやってください」と言って、林先生と何かを話していた。私は、言われるままに、二十分は素振りをしていただろうか。ただ専ら竹刀の上下振りである。壁の縦の線に合わせて、ブレないように、力を抜いて素振りをする。二十分ほどして、遠藤先生は、私の素振りの仕方を見て、「ウン、少し良くなったようだ。しかし、できるだけ左手を意識して、肩を使って素振りをするように」と言って、また、どこかに消えてしまった。それからまた、二十分ほど左手を意識して、肩を使っての素振りが始まった。肩が緊張して思うように動かなくなった頃、また現われて「今度は、足も使って上下振りをしなさい」と言う。手と足と竹刀と体がバラバラになり、なかなか思うように素振りができない。一時間くらい素振りをして、汗だくになった頃、また、遠藤先生が現われて、「これが剣道の強くなる方法ですよ」と言われた。「竹刀を正しく上下に振れなくては、それも足と手が一緒になり、体がそれに正しく伴わないと、正しい剣道はできない。これより方法は

ない」と言う。

遠藤先生の与えてくれたこの課題が今なお、私の課題として続いているのだが、剣道において一番難しいのは、一番簡単な「上下振り」であろう、と今なお思っている。最終的には、打った時に、気・剣・体の一致ができなければならないのだから、その目的に向かって、「素振り」を作り上げていく。よく剣道では、大きな技は小さくなるが、小さい技は大きくはなれない、と言われるのを聞いたことがある。よく遠藤先生は、会話の中で「大・強・速・軽」と言われるが、それは、「さじ加減」のことで、練られて作られたものでなければならない。最初から小さな技にこだわっては、大きな技を作ることができないばかりでなく、剣道に必要な練り上げること、作り上げること、という「土台」を作ることを見失ってしまう。持田先生のいわれる「基礎を体で覚えるのに五十年かかった」という言葉は、この「上下振り」という「一」という初めの段階にあたり、この「一」の段階ができていないと、何をしても駄目、と

いうことになるのであろう。そのように考えると、利休のいわれるように、稽古というのは、「一から初めて、たとえ十まで行っても、また元の一に戻る」という戒めの意味がわかるというものだ。

　私の場合は、その「一」ができていないので、「上下振り」という「一の段階」に戻りなさい、という戒めであるのだ。なるほど、あらためて「一の段階」に戻って、「上下振り」の意味することを考えてみると、「構えと振り上げとの関係」、「構えと振り下ろしとの関係」、「手と足との関係」、「体の移動の関係」などが見えてくる。

　この「一の段階」に「心の持ちよう」の問題を入れて考えてみると、また新たなる問題が生じてくる。なぜなら、「一」から始まる稽古というのは、絶えず「一つ」という「心の問題」と深く関わってくるからだ。「十」という一番高い位というのは、何も「高い所」にあるのではなく、一番低い「心の中」にあるということに気がつく時、これが、持田先生の「基礎」という意味であると理解されることに気がつく。

今年も、京都大会の折に、五日の夕方、ホテルで遠藤先生が、正武会の豊島先生、森田先生、加藤先生とビールを飲みながら、時間をつぶされていた時に声をかけていただき、ご一緒させていただいたのだが、その時も、また新たなるご指導をいただいた。それは、なぜか、「一人稽古」のことであった。私が、岡山の石原先生のところに「形の稽古」を求めて行ったことに関連してのことだったが、「一人稽古」が非常に大切であると、何度もおっしゃった。もしかしたら、十年前にご指導いただいた「上下素振り」のことを思い起こされて、今なお、そのことを続けているのかと、質《ただ》していたのかもしれない。ビールも飲み終わり、いよいよ遠藤先生ご一行はタクシーで京都駅に移動することになり、外に出てタクシーを待つことになった。私が一緒にタクシーを待っている間に、遠藤先生は「いいかい、宮崎先生、攻め足の右足はもちろん大切だ。しかし、左の足をどのようにして、いつでも打てる間合まで持っていくか。このことも研究してみる価値がある。いいかい、このように右足で攻めている間に、ここまで左足を持ってくることができたら、いつでも打てる態勢になれる。左足の移動は、相手にわからないようにすること」と言われた。タクシーは、間もなく止まり、遠藤先生ご一行は東京に旅立たれた。今年もまた、有り難いご指導をいただいた。感謝。

㉑山野辺辰美先生の執念

山野辺先生の剣道に対する情熱、執念については、私如き者が語るよりも、他の人のほうがよくご存知であると思うのだが、私は、山野辺先生と京都大会の折には同じホテル、同じ部屋ということもあって、ちょっと違う一面を知っているという点においては、ここで語る価値があるといえるかもしれない。

昨年の京都大会の折に、私が八段審査を終えて、鍵をもらって部屋に入ると、山野辺先生が部屋で休まれていた。大きな病気を克服しての京都大会であったので、体調がイマイチであることは推察できたのだが、それにしても、元気な姿を見せてくださった。一日に二、三度インシュリンの注射をしながらの京都大会であった。「オレな、シャブ中毒になったのだ」と言いながら、薬を飲み、注射をしながらの動きは、普段と何にも変わらなかった。

驚いたことは、三日の朝稽古に一緒に行く、というのだ。それも、稽古をするというのだ。いつもなら、私のほうが先に稽古をお願いいたします、と言って、そこから朝稽古を開始するのだが、今回はちょっと躊躇してしまい、他の先生方の稽古をいただくことにした。

稽古を終わっての帰り道、ホテルまでの小道を歩いていて気がついたことは、稽古に行く時の足どりよりも、帰りの足どりのほうが速くて、動きがいいことであった。元に立って、稽古を全部こなした、と言うのだ。これは驚きというよりも、「執念」以外の何物でもない。

このようにして、山野辺先生は、四日の朝稽古もこなされ、五日の朝稽古もこなされて、自分の立合も、きっちりと勤められた。脱帽である。

今年の立合も見せていただいたのだが、昨年の「執念」が往年の、それも新たなる執念へと変わり、見事な立合を演じられた。それも二回にわたってである。あのような力がどこから湧いてくるのであろうか。私は、思わず「山野辺先生が病気で稽古不足の時に、面を一本いただいておけばよかったな。今日の立合を見た限りでは、また、当分駄目ですね」と言うと笑っていた。

函館に帰って間もなく、山野辺先生から嬉しい便りが届いた。範士号授称の目出度い朗報であった。「執念」に花が咲いたのである。

私は、山野辺先生の「執念」を思う時に、世阿弥の「まことの花」のことを思い起こしていた。世阿弥は「時分の花」という「一時の花」ではなく、永遠に残る「まことの花」という「精神の花」を咲かすことを芸の道として大切である、と説いているが、私が思うには、正しく山野辺先生の場合には「まことの花」というのは、「執念の花」のことであろうと思われてならない。

私は、山野辺先生の「執念の花」がどのようにして咲いたのか、その理由を知るために『剣道八段の修行』を読み直してみた。その答えは、「面打ち一本」の教えにあった。その教えは、岡憲次郎先生と森島健男先生の両先生から指導されたものである、というのだ。

〈「剣道に対する取り組み姿勢について両先生は問うていた。打ったから善しではない。肝心なのはその前、いかに攻め、いかにタメて相手の心を動かし、構えを崩しているか。そうでなければ、一本打ちの面はとうてい打てるものではない。しかも敢えてそれを求めていく。その姿勢が大事であり、そこに武道としての、また人間としての剣道がある。より安全だから、小手・面に打って出る。これはいまだ競技剣道の域を出ない。早く競技剣道から脱却しなさい。つまりこういうことだと思いました」〉37

二分間で打ちたい気持ちを抑えて、「面一本」にまとめる。今の私にとっては至難の業である。小手も打ちたい、面も打ちたい、その気持ちを「面一本」に凝縮させる剣道、これを山野辺先生は「武道としての剣道」、「人間としての剣道」と言っておられる。

〈刺し面ではなく、しっかり振りかぶって上から打ち下ろす打ち、これでなければいけない。〉38

山野辺先生の悩みは果てしなく続く。がしかし、警視庁の稽古に行った時のある日のこと。長島末吉範士からいただいた指導において、山野辺先生の問題を解決してくれた答えが与えられることになる。「そのまま振りかぶるからいけない。それでは剣先が死んでいる。そうではなく、剣先で相手の顔をなめるようにして振りかぶってみなさい。こうすると剣先は生きていて、強い攻めとなる」[39]山野辺先生は、この一言は私にとって非常に大きかった、と言っておられる。

剣道は一晩にして変わる、というが本当なのだ。いや、一言で変わる、と言ってもいいかもしれない。一つの助言で人間が変わる。剣道が変わる。まことに剣道は不思議である。結局は、山野辺先生の「心」が変わったのだ。変化は力である、と以前から思ってはいたが、変化というのは「心の変化」のことなのだ。

私は、山野辺先生の例から、武蔵の「針と糸」の関係として喩えられている「師と弟」の関係を思い起こしているのだが、私が思うには、武蔵の「針と糸」の関係は、「師弟」の関係としては、非常に高い位の関係、つまり、「師」の位の長島先生も「弟」の位の山野辺先生も、互いに高い位にあって、「師」の位にある長島先生が、山野辺先生という「弟」の位にある者の「機」を見て、そこに正しい助言を与えてくださったのだ。そのように考えると、この「機」というのは、剣道形の「機を見て」の「機」に相当し、これこそ正しく「真の師弟」の関係であると思われるのだ。つまり、「師」の位も「弟」の位も、ほとんど同じ高さにあらねばならない、ということになる。そうでなければ、一言で心が変化することは不可能である。求めよ、されば開かれん、であろうか。悟りの境地は、いつ訪れるかもわからないので、絶えず油断せずに、注意を払い、努力していなければならない。

37　高山幸二郎『剣道八段の修行』Ｐ191
38　前掲書　Ｐ193
39　前掲書　Ｐ195

㉒切り落としの練習　佐藤勝信先生

昨年の六月頃であっただろうか。全剣連の稽古会に合わせて上京した折、警視庁の佐藤勝信先生の温かいご招待を受けて、警視庁の道場でご指導を仰ぐことになった。休日であったのだが、先生が当直ということで、短い時間なら稽古ができるということで、新木場の道場に行くことにした。

その日は風の強い日であった。普段の日であれば、新宿から電車を乗り継いでいくなら、一時間程度の所であるのに、ものすごく時間がかかってしまった。列車は風のために動かないというのだ。急遽タクシーに切り替えて、やっとのことでちょうど十一時に新木場に着いた。防具を背負って、道場に通ずる門の扉を開けて閉めるのがやっとであった。風で体がうまく動かない。東京でこんな経験は初めてであった。

受付に行くと、佐藤先生と東京大学の剣道部の学生さんが待っていてくださり、早速、稽古と相成った。最初、木刀による日本剣道形の稽古を二、三本やり、それから基本稽古といって〈切り落とし〉の稽古をすることになった。

互いに中心を外さないで、構えた所から、一方が真っ直ぐ送り足、継ぎ足と攻めて、面を打つ。片方は、そこのところを、中心を取ったままで真っ直ぐ面に乗って行く。このような約束をして、五本ずつ、互いに〈切り落とし〉の練習をした。

はじめは経験がないので、要領を覚えるのに時間がかかったが、三十分ほど練習しているうちに、この練習が何を意味するのか理解してくると、面白くなる。なぜなら、約束事とはいえ、相手が出てくるところを自由に打てるからだ。

これはもしかしたら、出頭の面なのかもしれないと思いながら、練習していくと、手首の使い方で、打てる時と打てない時があることに気が付いた。

佐藤先生は、一度、その練習をやめて、別の練習をさせてくれた。その練習というのは、素振りの一種で、一人稽古であった。大きく振りかぶってからの小手打ちの練習である。気剣体の一致で、タン、と小手を下まで打って、力を抜く。この練習を何十回もやらされた。タン、力を抜いて、二、三歩進んで、今度は、向こう側からコテを打ってこちら側に来て、今度は、こちら側からコテを打ってと、何度も何度もくり返す。手と足の一致がようやくできてきたと思われる頃、また、切り落としの練習に戻ることになった。

先ほどの、コテを大きく打つ要領で、相手が面を打って来るその瞬間に、大きく強い面を打て、というのだ。やってみると、先ほどの何も知らないで練習した時とは違って、手首と足とが一致して、見事に相手の面を切り落としていることがしばしばあった。何という違いだろうか、結局は、一拍子で面を打てなくては〈切り落とし〉はできない、ということなのであろう。

〈古来から〝切り落としに始まり切り落としに終る〟と言われているように、切り落としは一刀流、無刀流の極意であり、必殺必勝の烈しく強く正しい技である。

切り落としは、相手の太刀を一度打ち落としておいて、改めて第二段の拍子で相手を切るのではない。相手から切りかかる太刀の起こりを見抜いて、少しもそれにこだわらず、こちらからも進んで打ち出すので姿においては一拍子の相打ちの勝ちとなるのである。

すなわちこちらが打ち込む一つの技により相手の太刀を切り落としはずして己れを守り、その一拍子の勢いでそのまま相手を真っ二つに切るのであり、つまり一をもって二の働きをなすのである。正しく打つことが同時に敵の太刀をはずすことになり、敵の太刀をはずすことが同時に敵を切ることになり、一をもって二の働きをするから必ず勝つのである。〉[40]

小川忠太郎先生の『百回稽古』の註に上記のような説明があるが、これだけではわからない。それで、佐藤先生は私に、やさしく教えようとしたのである。

まず、〈一拍子の面〉が打てなければならない。これが第一条件である。それも、真っ直ぐ打てなければならない。相手が動いたら、ためらわず、すべてを捨てて、面に出る。これは大変なことである。佐藤先生は、大きなコテを打つ練習をさせてくれたのは、正しい〈一拍子の面打ち〉を修得させるためであった。相手の〈太刀の起こりを見抜いて、少しもそれにこだわらず、こちらからも進んで打ち出す〉面打ち、これが〈切り落とし〉である。

最近、〈切り落とし〉のことが気になって、〈切り落とし〉の面ばかり練習しているのだが、〈切り落とし〉は非常に難しい。その難しさというのは、〈太刀の起こりを見抜いて、少しもそれにこだわらない〉というところである。〈こだわらない〉というのはどのようなことなのか、そこのところが吹っ切れない。

〈切落の手法は、車の輪が前に廻るように丸く両腕を充分に働かせて切り下ろすとともに両足を踏み込み進みてゆくのである。手心の中には、相手の打を誘って来させ、その来る勢を己が太刀の左鎬にて鎬ぎ落し、相手が誘われ鎬ぎ落された所へ己が両足を踏み込んでゆくから、そのまま一拍子に出刃に突き刺すか、入刃に頭から梨割りに真二つにするのである。それには心にも体にも足にも腕にも力《りき》みを入れてはならない。柔らかにしかも強く確かに勝つ工夫が大事である。そうなるのには必死必殺の胆力と百錬千磨の鍛えが必要である。〉41

笹森順造先生の『一刀流極意』の解説は、また一味の違いがある。喩えとしての〈車の輪が前に廻るように丸く両腕を充分に働かせて切り下ろす〉ことが一つ。二つ目は、〈両足を踏み込み進みてゆく〉というところである。これは〈強い踏み込み〉のことであるから、もちろん〈気剣体の一致〉を意味するのであろう。三つ目が、もっと難しい。なぜなら〈相手の打を誘って来させる〉必要があるからだ。〈相手の打を誘って来させる〉ためには、〈こち

あなたの
そばが
ここち
い…

らから打っていってはいけない〉ことになる。ゆえに、笹森先生は、〈必死必殺の胆力と百錬千磨の鍛えが必要である〉というのだ。なかでも〈必死必殺の胆力〉というところは、一朝一夕にはできっこない。文字通り、〈百錬千磨の鍛え〉が必要である。

笹森先生の門人の一人である長井長正先生は、遺訓の中でこのように言っておられる。

〈それでは、相打ちであり乍、相手の太刀を切落として、わが勝ちとなるにはどうしたらよいか。その心得は、まず、わが心をみずから切落さねばならない。わが心を切落とすというのは、死にたくない、打たれたくない、負けたくない等というわが心を切落すことである。例えば相手から、わが面に打ち込んでくるのをみると、その危険を避けようとして退くのは人間の本能ではあるが、その危険を恐れるわが心をまず切落し、よし来いと必死の覚悟と十分な気合とをもってゆくので、始めてわが心の鋭い切っ先は生きて働き、わが勝となるものである。（昭和六十年三月二十二日記）〉[42]

〈わが心を切落とす〉というところが難しい。〈わが心を切落とす〉とは、〈死にたくない、打たれたくない、負けたくない等というわが心を切落すことである〉というのだ。〈切り落とし〉というのは、〈相手の刀〉を〈切り落とす〉ものであるのに、長井先生は〈わが心を切り落とす〉ことと言っている。笹森先生は、〈丸く両腕を充分に働かせて切り下ろす〉と言って、自分の刀が、最高の破壊力で相手の刀を切り落とせるようにせよ、と言い、そのためには、〈わが心を先ず切り落とす〉ことと言っている。この師弟の関係というのは、正しく、武蔵のいわれる〈針と糸〉の関係を思い出させ、互いに研究しあって、この最高の境地を求めるようにと、言われているものと思われる。

佐藤先生は、未熟な私の技量と心とを見抜いて、剣道修行の境地は〈切り落とし〉にあり、と先ず教え、そのためには、正しい素振り、正しい面打ち、正しい小手打ち、正しい胴打ちなど、すべての技が正しくできるようにすること。その上で、心の修行を積み重ねて、〈切り落とし〉を修行すること、と教えているのであろう。

もう一つ、私が思うには、私の剣道人生はもうそんなに長くはない。それならば、〈切り落とし〉の修得に残りの人生を賭けてみなさい。集中してやれば、何とかものになるかもしれない、と言われているのかもしれない。

剣道人生は、多くの人がそうであるように、八段合格という最高の結果を出して初めて一人前の剣道家と認められる、結果はわからぬが、八段の位に達しようと努力している姿もまた八段に価するもの、と私は最近負け犬のように思うことがある。全日本剣道連盟の認める八段と私自身が心の中で、自分自身を評価して、お前はよくやった、と私自身の審査による私自身の八段の位もあってもいいのではないだろうか、と一匹の負け犬はほざく。なぜなら、人生というのは、最終的には、自分自身が決めるものであるとしたら、剣道も道の一つであるので、自分自身の判断で自分自身を八段と決めても悪くはない。これなら、だれにも迷惑がかからない。剣道を通しての〈人生の八段〉ということである。

いずれにしても、私は残りの剣道人生をこの〈切り落とし〉に賭けてみたいと思っている。そして、その〈切り落とし〉の極意を〈わが心の迷い〉を切り落とすために修行してみたい。何度も京都大会に参加させてもらい、八段に挑戦させていただき、自分の人生と自分の剣道を試してみたい。これからもよきご指導をお願いいたします。感謝。

40　小川忠太郎『百回稽古』註90、P45
41　笹森順造『一刀流極意』P429
42　長井長正『一刀流おぼえがき』

⑵不失花《うせざるはな》　澤田功教士八段

澤田功教士八段の剣道の哲学を語るときに、世阿弥の〈花の失《う》せぬところをば知るべし〉[43]という〈思想〉〈教え〉を抜きにして語ることはできない。この言葉を、生前、いろいろなところで言われていたことを記憶しているが、澤田先生は、剣道八段の位を〈花〉として捉えておられたようである。世阿弥は、ご存知のとおり、能芸の真髄を〈精神の花〉として捉え、〈一時の花〉〈時分の花〉と区別して、この〈精神の花〉を〈まことの花〉と言っておられる。

とくに、この〈精神の花〉という〈花〉は、若い時の〈花〉とは違って〈華々しさ〉はないが、〈花〉の上に〈しおれ〉や〈幽玄〉が加わって、精神的な〈残りし花〉となることができる、というのだ。この〈残りし花〉は、若い時の〈つかの間の幽玄〉とは異なり、〈永遠の花〉となるもので、年をとり、肉体が滅びた時にのみ咲くことができるものである、という。

澤田先生が若い頃、稽古をいただいた先生の中に、広川正治先生という高等師範出の先生がおられて、その広川先生から、澤田先生は、精神的にも、技術的にも、大きな影響を受けられたようである。広川先生の剣道哲学は、〈平常心是道〉という座右の銘の中に収斂されているものと思われる。

〈「治にいて乱を忘れず」これが武士たるものの心がけである。それは日常生活のなかにある。「平常心是道」と教えられている。私事になって恐縮であるが、私が昭和十六年一月、高等師範の剣道師範の末席を汚すことになったある日、高野佐三郎先生のお宅に御挨拶にあがった折、先生が「日常呼吸するとともに、剣道のことを考えなさい」と教えて下された。真宗では、寝てもさめても、念佛の申されるように生きよ、と教えている。すべて道というものは、そのようなものであると思う。〉[44]

このように、澤田先生は、広川先生から〈道〉としての厳しさを学び、そのことにより、先生の〈道の厳しさ〉は、武蔵の〈心の持ちよう〉にも通ずるようになり、道元の〈心身脱落〉の境地に通ずることができるようになった、と理解される。〈心身脱落〉とは、広川先生によると、〈ただわが身をも心もはなち忘れて、仏のいへになげいれて、仏のかたよりおこなわれて、これにしたがひもてゆく〉ことである、と言われるが、この教えが簡単なものでないことは、道を求める者なら誰でも知るところである。

「ただ、この身も心も放ち忘れて、仏の気持に溶けこみ、仏のほうからそうした計らいが差しむけられて、始終それに従っていくならば、力も入れず心も使わないで、生死を離れて仏になれる。それがわかれば、だれが自分の狭いこころにこだわりついていられるであろう」[45]

広川先生は、武蔵の『五輪書』にも造詣が深いお方で、武蔵の〈平常心〉を道元の〈心身脱落〉の思想と重ねて説かれていることは明らかで、澤田先生は、この広川先生の教えを受けて武蔵の哲学を学び、道元の道の思想を学び、世阿弥の『風姿花伝』の稽古の深さについても学ばれたものと思われる。いわゆる〈失せざる花〉という思想は、日本の伝統としての「仏教」「能」「兵法」の底深く流れるものであり、その思想を自得された人が澤田先生である。

澤田先生の剣道について語るときに忘れてならない人がここにおられる。その人とは、岩見道場主であられた岩見善作先生であるが、岩見先生は、弘前の出身で、笹森順造先生から〈一刀流〉を学ばれた先生であった。澤田先生は、この岩見先生の道場に通われ、岩見先生の剣道を身につけようと日夜努力された。とくに〈一刀流の極意〉の中でも、〈切り落とし〉の極意について執拗に質問されていたことを思い出す。連絡船に乗って、青森に行く途中であった。船の中で、熱心に尋ねていた。「切り落としというのは、当たる瞬間に、〈くの字〉を書くようにして切り落とすのではないですか」。澤田先生の真顔がそこにあった。あれから何年経ったであろうか。澤田先生は、竹刀袋に〈素振り百錬〉と揮毫され、それを我々に配られた。〈素振り百錬〉とは、岩見先生の座右の銘であった。その中には、岩見先生の魂が宿っている。

澤田先生は、八段に挑戦すること十二回。十二回目にして見事合格されたが、澤田先生が、心の中で感謝している先生の中には、上記の先生の他に埼玉の楢崎正彦先生、水野仁先生、留萌の柴田節雄先生がおられるものと思われる。これらの三人の先生は、澤田先生が、意を決し、新たなる思いで八段に挑戦しようとした時の直接の指導者で、京都の審査においてはもちろんのこと、数々の練習の中で、澤田先生の手と足と心を八段のところまで導いてくれた人と存じている。

ある日のこと。澤田先生は、ほとんど八段を諦めて「受審することもやめる」と言っていた頃のことである。埼玉から水野仁先生がおいでくださり、稽古会を持つことになった。水野先生は、澤田先生が半ば諦めていることを知り、五稜郭の割烹で河豚を食べながら、一晩中澤田先生と話していた。内容はわからないが、二人の会話には私が入ることができないほどの深刻なものであったらしい。翌日の稽古で、澤田先生は見事よみがえっていた。水野先生の精神的な治療が功を奏して、水野先生と見事な八段の稽古を展開していた。稽古は文字通り、一晩にして変わった。

澤田先生が感謝申し上げねばならない先生の中に、良きライバルであられた青森の山野辺辰美先生がおられる。山野辺先生と澤田先生は、知る人ぞ知るで、良い意味のライバルで、互いに協力し合いながら、切磋琢磨して、二人とも八段の壁を破られた。良きライバルなくして八段はない、ということであろう。ご冥福をお祈りいたします。

（平成二十一年七月二十一日記）

43 世阿弥『風姿花伝』田中裕校注、『世阿弥芸術論集』P65
44 『剣道時代』一九九一年五月号、P13
45 道元『正法眼蔵』高橋賢陳訳、下巻、P623

㉔正しい跳躍素振り　梅宮勇治先生

梅宮先生、私の「正しい跳躍素振り」という質問に対して、丁重なる回答を与えてくださり有難うございました。おかげで、私なりの理解をすることができ、感謝申し上げます。長年梅宮先生が修行されて自得されたものを、言葉で表現することは至難の業でありましたでしょうが、私は、私の現在の力量の範囲内で以下のように整理させていただきました。

①基本の正面　②前進後退の正面　③前進後退の左右面　④体を左右に送って正面　⑤体を左右に送って左右面　⑥体を左右に開いて左右面　⑦跳躍素振り

梅宮先生の「素振りの基本」は上記のように基本的には「七種類の素振りの過程」からなっているものと思われます。それもすべて面を中心にしたもので、①の「基本の正面」から始まって⑦の「跳躍素振り」で終わっていることを知る時に、「跳躍素振り」が「素振り」の中で特別なものではなく、「素振り」による技と心の形成過程の「仕上げの段階」に置かれていることが理解されます。

それではなぜ「跳躍素振り」を仕上げの段階に置かれているのでありましょうか。

「跳躍して正面を打ちます。北海道でも述べたとおり、一瞬停止するのが他の先生と違うところと思います。一瞬停止して、実際に正面を打った、という気持ちを持つこと。そこには、充実した気勢や適正な姿勢が表現され、内に秘めた残心も読み取れる（学ぶ）くらいの気持ちが大切かと指導してまいりました」

「跳躍素振り」は、素振りの中でも最も「実践に近い」ものであることは私も知ってはおりましたが、梅宮先生のように、明確に「一瞬停止して、実際に正面を打った、という気持ちを持つこと」という思想で指導を受けたことはありませんでした。とくに「充実した気勢や適正な姿勢が表現され、内に秘めた残心」が表現されねばならないという理念は、「跳躍素振り」というのは、単なる「準備運動」とかではなく、「実践そのものである」という意識でやらねばならない、というところが梅宮先生の「正しい跳躍素振り」の真髄かと思われます。そうであるからこそ、梅宮先生の「跳躍素振り」は、「一本一本」大切にして「跳躍素振り」をする必要があり、「一瞬停止して、実際に正面を打った、という気持ち」で素振りをすることが要求されると理解されます。

もう一つ、梅宮先生の素振りを特徴付けているものに「手の内」と「冴え」の問題がありますね。先生は、「跳躍素振り」の最終の目的を「掌中の作用」に置いていることからそのことが理解されます。

「素振りは正しい姿勢で、節度ある足さばきによって、刃筋正しく、手の内（掌中の作用）を利かせ、冴えを出して行なうことが大切です」

「正しい姿勢」、「節度ある足さばき」、「刃筋」はもちろんのこと、最終的には「掌中の作用」である「冴え」を生み出すために「跳躍素振り」を重視していることが窺い知れます。であるからこそ、梅宮先生は「一瞬停止して、実際に正面を打った気持ち」で素振りすることを強調されるのだ、ということをあらためて確認いたしました。私自身、実際に梅宮流の跳躍素振りをやってみると、いろいろなことに気が付きます。たとえば「正面打ち」の素振りを例に取りますと、「跳躍素振り」の「一瞬停止して、実際に正面を打つ気持ち」の要領で正面を打つと、手の内や足の捌きなど、あるいは、体全体の動きがまったく違ってくることに気が付きました。私は「跳躍素振り」の極意はここにある、と思いました。最終的には「手の内」の「冴え」ということになるのでしょうが、私は体全体のあちこちに「冴え」のようなものを感じるのです。別な言葉で表現するなら、それは「体の切れ」のようなもので「技と心の調和」と言ってもいいものです。

それではこの「冴え」というものが実際の剣道の稽古においてどのような働きをするのか、その答えは、剣道の特性としての「敏捷性」と「巧緻性」の中にあることは明らかであります。梅宮先生が、最近行なわれた福島県の剣道強化合宿訓練のために、わざわざ警視庁の遠藤正明先生を招かれたこと、そのための教材として「第六回全日本選抜剣道八段優勝大会」のＤＶＤと「平成20年の全日本選手権大会」のＤＶＤまで用意されて指導されようとしたことは、正しく、剣道の特性である「敏捷性」と「巧緻性」という徳を養わせようという目的のためであったと思われます。梅宮先生は、遠藤先生の「手の内」を「日本一」と評価され、視聴覚教材を用いながら、遠藤先生に実際のご指導を賜ったものと思われます。剣道の特性である「敏捷性」と「巧緻性」を養わせるためには、最高の指導者と最高の教材がなければ指導はできないと踏んだのでありましょう。

最後に、梅宮先生の「素振りと日本剣道形」との関係についてのご見解をご披露させていただきます。

「素振りの基本を理解し、素振りを原点とした技が生成され、その技を日本剣道形と整合させ、また、形の心と技を整合させ、技からも、形からも、互いに真髄を探求しようとする心がけで修錬することが大切である」

「素振り」「基本技の練習」「稽古」「形の修錬」「心の修錬」、これらが総合的に働いて、はじめて剣道の特性である「敏捷性」と「巧緻性」が養われる、ということになるのでありましょう。あとは自得のみ。感謝。

Ⅱ　霊巌堂　武蔵の死に場所

武蔵が、自分の心を密教に置き、自然に託して、自然の理法である絶対的な力、法則である「地」の生命力、「水」の生命力、「火」の生命力、「風」の生命力、「空」の生命力を吸収しようと日夜努力されたことを知ったが、私は、それでもなお、武蔵の人となり、そして、彼の著書『五輪書』が、現代においてもなお、どうしてこのように読まれているのかを思うときに、『五輪書』の中に何か不思議な力があり、その力が、兵法というものを超えて、人として「道」をも超えて、時代をも超えて、現代の我々の心を打つものである、と考える。私が思うには、『五輪書』を読んでいて、彼の文章は、日本語として名文である、と思うことしきりである。どこかに気負いのようなものを感ずる時もあるが、彼の文章には、人の心を打つ「何か素晴らしい魂」のようなものが存在するように思えてならない。私は、その力を「何かを生み」だそうともがく「生命力」である、と捉えているのだが、この「生命力」については、『地獄の思想』の著者・梅原猛氏も指摘しているところで、氏は、密教を「生命の思想」として捉え、「自然には素晴らしい生の力がある。その力が密である。そして、我々の中にもこのような密なる生命が宿っている」[46]と言っておられる。また、先にも引用した『密教』の著者・松長有慶氏も、「自然の生命力」との一体化について述べており、そのように考えるなら、武蔵が己の力を養うために、この密教の説く「自然の生命力」に頼ったのではないだろうか、と思えてならない。

しかしながら、自然の法則に従い、その「生命力」に従って生きるということは、自然の草木がそうであるように、生きているものには必ず死が訪れる、ということも学ばなければならないことになる。細川藩に仕えていた武蔵にも、その死が訪れる時がやってきた。最期の時を、「霊巌堂」に籠って、その時の訪れを待っていた武蔵にとって、その死の訪れとは、何であったのか。

私は、武蔵の最期を、古代ローマの哲人・セネカの最期と重ね合わせて考えるに、きっと、このようにして武蔵は自分の死の訪れを悟り、自分から死を迎えたのではないだろうかと、しきりに思うことがある。ちょっと、そこのところをご覧いただきたい。

〈私は、どちらの人が勇気を与えてくれるのかわからない。死を自ら求める人か、それとも、快く静かに死と出会う人か。前者の態度は、時には狂気と怒りに鼓舞されるのに反して、後者は、しっかりした判断から結果する静かな態度だ。今まで、人は、血気にはやって死と対峙していた。しかし、死が今やってきているのに、誰も喜んで迎えようとしない。しかし、長い間、死を迎えるにあたり自分の心を作ってきた人は別である。〉47

私は、今、「霊巌堂」に籠り、死の訪れを静かに待っている武蔵にとっては、もちろん後者に属する人であると考えるのであるが、武蔵は、「兵法の理法」を「自然の理法」として極めてきた人であるので、当然、死の訪れが普通の人にとってそうであるのとは違って、死を迎えるに際しても、自然の法則に従い、草や木と同じく、やがて訪れるであろう「死の到来」を、「平常心」を持って待っていたのではないだろうか、と想像されるのだ。「密教」の教えが、「宇宙の法則」に従い、「自然の法則」に従うことを旨としているわけであるから、自然のうちにそのような最期を迎えることは、武蔵は当然ながら予知していたことであろう。

もしも「平常心」というものが、「自然の法則」に従うこと、という「絶対的な法則」によって成り立っているものとしたら、武蔵もまた、「霊巌堂」において、その死の訪れを待っていたことは、容易に想像できる。なぜなら、武蔵は、「長い間、死を迎えるにあたり自分の心を作ってきた人」である、と解釈されるからだ。つまり、「快く静かに死と出会う人」であると思われるのだ。

それでは、なぜ武蔵は「霊巌堂」という「洞窟」を自分の死に場所として選ばれたのであろうか。その答えが、セネカの言葉の中にある。


〈もしも、洞窟が、岩の節くれによって作られ、山のように大きな口をあけていたら、それも、人の手によってできたのでなく、自然が原因で穴が開き、空洞になっていたとしたら、あなたの精神は神の存在を表わすのに近いものとして、大いに心を動かすでありましょう。〉48

武蔵の籠られた「霊巌堂」が人の手によって作られたものであるか否かはわからぬが、

「霊巌堂」という洞窟も、「岩の節くれによって作られ、山のように大きな口をあけている」ことは明らかで、訪れる者に、霊験あらたかな気持ちを起こさせる。武蔵は、この「霊巌堂」という洞窟に籠り、最期の時を待ったのであろう。

確かに、武蔵は、「独行道」で、「仏神は頼まず」と言ってはいるが、「仏神は尊し」と言っているので、「神の存在」「仏の存在」は肯定していることは明らかで、「神」はもちろんのこと、「仏」をも敬っていたものと想像される。したがって、最期の時に及んで、「霊巌堂」に籠られたのもうなずけるし、武蔵にとっては、いずれにしても、「霊巌堂」という洞窟は、「神の存在を表わすのに近いものとして、大いに心を動かす」ところであった、ということになる。ここのところに大いに注目をしたい。私が思うには、武蔵は、この最期の時に及んで、「自然」という「大宇宙」と最期の対話をし、「自然」と共に「己の死」の問題を最終的に「自然」に委ねることを決意されたのではないかと思われるのだ。なぜなら、「自然」という大きな力は、誰をも差別することなく、最期の儀式を与えてくれる所であり、最期の拠り所である。自然は、草や木がそうであり、鳥や動物がそうであるように、最期の屍をもまた、自然へと誘ってくれる。「地」から生まれたものは、「水」、「火」、「風」そして「空」の法則に従って変化していくが、そこから再び、「空」から「風」、「風」から「火」、「火」から「水」、「水」から「地」へと帰ることになる。そこにはもはや何もない。色即是空、空即是色の世界があるのみ。

武蔵は今や、「肉体の人」から「精神の人」となって、何十年と「朝鍛夕錬」によって培ってきた精神力によって、その最期を精神力で生きようとしているのだ。私は、この時の武蔵は、一人の「兵法家」というよりも、むしろ「哲学者」として生きているものと判断しているのだが、いかがであろうか。

〈哲学は心を形作り、心を建設するもの。哲学は、私達の人生に方向を与え、行動を導き、何をすべきかを示し、何をすべきでないかを示すもの。哲学は、舟の舳先に位置して、私達が不安の中をさ迷う時、方向を示してくれるもの、哲学がなければ、誰も怖がることなく生きることはできないし、心を穏やかに生きることができない。〉[49]

「霊巌堂」を「神・仏」の住むところとして崇め奉って今まさに死の訪れを静かに待っている武蔵は、もはや、武士でもなく、兵法家でもなく、単なる一人の「精神の人」と理解した時に、私は、武蔵を「哲学者」として捉えるより、その捉え方を知らない。なぜなら、武蔵は、心を穏やかにして、迷うことなく、静かに死の訪れを待っている。この時こそ、武蔵は、まさに「地輪」を超え、「水輪」を超え、「火輪」を超え、「風輪」を超え、「空輪」を超えて「円輪」に達していたのであろう。空海のいわれる「六大」とは、まさにこの境地を指すものであり、そこは「善」と「徳」より存在しない「空」の世界であり、武蔵が「兵法三十五箇条」に記す「万理一空」の世界だけが存在するのみ。合掌。

46 梅原猛『地獄の思想』P20
47 セネカ EpistleXXX.12
48 セネカ EpistleXLI.3
49 セネカ EpistleXVI.3

Ⅲ　武蔵の遺言『五輪書』

剣道にどっぷり漬かっている私が、剣道は素晴らしい、と言っても、剣道の仲間は、もう、そのことについては、十分に知っておられるだろうし、互いに、何も言わなくとも、剣道の素晴らしさを、魂のどこかで感じられて、ただ、にたにた笑っているだけであろう。

私が剣道をしていてよかったと思う理由の一つは、武蔵という哲学者に会えたこと、とくに、彼の著書『五輪書』に巡り会えたことである。もう一つは、沢庵という、これもまた、素晴らしい哲学者に会えたこと、とくに彼の名著『不動智神妙録』に巡り会えたことである。なぜなら、『五輪書』にも、『不動智神妙録』にも、日本人の魂が記されており、日本人の伝統も記されていると思われるからだ。さらなるもう一つは、その心を体して剣道を命がけで、心から求めておられる人にお会いすることができたからだ。

私は、この日本人の魂と日本人の伝統を伝えるためには、武蔵がいわれるように、「師」と「弟」の関係として喩えている「針と糸」の関係のように、「高度」な師弟関係が必要であると思う。とくに「弟」の位にある人は、「師」の位にある人の傍にできるだけ仕えて、四六時中とはいかないにしても、「師」の「一挙手一投足」を道場においてのみならず、生活においても、言葉遣いは悪いかもしれないが、技を「盗み」、心を「盗み」とるような気持ちで求めないと、「師」の位の技と心を学ぶことができないのではないかと思われる。

この話は、ある料理人の修行の話であるが、その修行者が師匠の最後の味付けのところ、「隠し味」のところを「盗もう」といつも狙っていたのだが、なかなか師匠はその味を教えてくれないし、手の内を見せない。ある日のこと、料理の味付けの最終段階において、いよいよ今日は、師匠の「隠し味」を見せてもらえるものと期待をしていたところ、その時になって、師匠は弟子に「おい、ちょっと煙草を買ってきてくれ」と言われて、お金を渡された。弟子は、心に不満があったが、師匠の言いつけでもあるので、仕方なく煙草を買いに行って、帰ってみると、その料理の味付けは終わり、その時も「隠し味」を教えてもらうことができなかった。

剣道の教えも、多分にそのようなところがある。たとえば、「剣道形」の稽古がそうである。初心者は、剣道形の見えるところだけを見て「形」を覚えようとするが、見えるところだけを真似しようとしても、「形」にはならないことは、修行者としての心のあるものなら誰しも気がつくところだ。ましてや、「打太刀」の位、「仕太刀」の位の意味するところが何であるかを知るということになると、十年や二十年はゆうにかかることは間違いのないところ。私も、「形」の教えには、「現象面」から見たものと「精神面」からみたものの二つの教えがあることにようやく気が付いた。その教えは、武蔵の「三つの先」についての解釈について、石原忠美範士は、三橋秀三先生の解釈を引用され、このように説いておられる。

〈したがって、初心者においては現象面からみた三つの先によって勝つ機会を研究し、熟達するにつれて日本剣道形における三つの先の研究に移ることが適当であると考えられる。〉[50]

武蔵の説く「三つの先」が「現象面」のみでなく「精神面」を意味するものであることを知る時に、「剣道形」を打つ時にこそ、料理でいうところの「隠し味」、つまり「極意」を学ぶべく、「形」を学ばなければならないことに気が付く。

私は、日本文化の伝統というのは、「形」を大切にする文化であるということを知ることにより、そこのところに近頃大いに興味を持つようになった。よく日本の文化は、「形の文化」と言われるが、剣道を志している私にとっては、大いに興味が注がれ、「形の文化」に入っていきたいという心をますます動かすことになった。まさしく、剣道の教えというのは、「形の文化」であるといえる。とはいっても、「形の文化」の中に「魂」が入り、「心」が入らないと、その「形」は何の意味もないことは、剣道をやっている者でなくとも、容易に気が付かねばならないところであるが、ところが「形」にのみにとらわれてしまって、「魂」が籠らず、「空っぽ」の「形」になってしまっていることがしばしばあることは、多くの人の反省するところだ。そのような意味において、剣道形についての解釈としては、石原先生、三橋先生のご意見は、大いに参考にしなければならない。なぜなら、両先生は、武蔵の「三つの先」についての「真意」は、「現象面」のみでなく、「精神面」としての「相手の心を読み取ること」にある、と説いておられるからだ。ここのところが、剣道形を打つときに大切なものとなるし、それがわからなければ、剣道形の意味するものが何であるかもわからない。

私は、剣道形というものが「師」としての位である「打太刀」と「弟」としての位である「仕太刀」の「師弟の関係」からできていることを知る時に、もちろん「師」である「打太刀」が、手取り足取りして教えることも大切だが、とりわけ、「弟」の位である「仕太刀」のほうが「師の位」の「打太刀」に近づくように、数倍の努力をしなければならない。そうでなければ、互いの大きな「師」の位の「気の波」と大きな「弟」の位の「気の波」とが、互いにぶつかり合うような、理想の「形」は打てない、と教えられた。この教えは、剣道を志す者にとっては、最も大切な教えで、この教えがなければ、剣道形の存在する意味すらも存在しなくなる。そのように考えるなら、「剣道を学ぶ心」とは、「剣道形」にある、と言えるのではないだろうか。言い換えるなら、「師の位」の「打太刀」があり、「弟の位」の「仕太刀」が存在して、はじめて「学ぶ心」がそこに培われるものと考えられる。

私は、剣道においては、「学ぶ心」と「受け継ぐ心」とが同時に存在しなければならない、と心得る。しからば、その「受け継ぐ心」とは、どこにあって、どこで身につけたらいいのだろうか。この問題は、剣道修行においては、最も難しい問題である。なぜなら、「師の位」にあるものが、常に「弟の位」の傍にいて、いつでも教えてくれるとは限らない。「生」ある者は、いつか「生」を終えて、「死」の世界にいかねばならないのであるから、「師の位」の者も、「弟の位」にある者も、「生」あるうちに文化の伝承がなされねばならない。もっと極論を言えば、「師の死」から「新たなる生」が生まれるような関係で、「師の教え」が

「弟」に伝わらねばならない。ここのところが大切であるし、「形」の精神もそこにあるし、武蔵もまた、そのことを心得ていて『五輪書』を書かれたものと推察する。

武蔵は、『五輪書』を、なぜ書き記し、なぜ残したのだろうか。私は、『五輪書』は、武蔵の「遺言」である、と思うのだ。密教の教えは、ご存知のように、「地、水、火、風、空」という「五輪」の思想からなっていることは知っているが、なぜ武蔵が密教から「五輪」という思想を借りて「遺言」を残されたかという疑問は、あまり問われていないように思われる。私が思うには、武蔵は、自分が亡き後、『五輪書』を世に残して、それが後世に伝わるように、その心が生き返れるように、と思われて、遺言としての『五輪書』を残された、と想像する。

その理由は、「地輪」の上に「水輪」が載り、「水輪」の上に「火輪」が載り、「火輪」の上に「風輪」、そして、その上に「空輪」が載るという「五輪」の思想とは、この自然界の現象からして、「生ある物」は、「死」を迎え、その「死」から「新しい生」が生まれるという、「循環」の思想から成り立っていることを知るにつけ、武蔵のような賢い哲人は、自分もいつかは死を迎え、最後の時が来ることは十二分に心得ており、自分の「死」によって「新たなる生」としての剣道の「心」を世に残したかったのではなかろうか。

少し横道にそれて、古代ギリシャの哲学者・ソクラテスのことについて、ちょっと彼の心を覗いてみたい。

〈ソクラテスは、（牢屋での）毒による死刑を自からすることにより、真の師と仰がれた。カトウの手から自由の守り神である剣を奪い取りなさい。そうすると、彼からいと高き誇りを授かることができる。私は今まで長々と教訓を傾けてきたが、あなたが必要なことは、教訓よりも自分を思い起こすことです。私があなたを導くその道は、あなたの本性が導くことと違いません。私がくどくどと述べたことは、あなたが生まれながらにして持っているのです。だから、今必要なことは、あなたの中にある徳を磨き、美しくする、ことです。〉[51]

『パイドン』という本の中に、ソクラテスが、死刑の宣告を受け、牢屋に入っていて、いよいよ死刑執行の時が来た時に、ソクラテスは、自分から「ヘムロック」という毒薬を飲んで、自分の弟子の前で死んでいったことが書かれているのだが、そのソクラテスの「死に方」がなぜか、セネカによって高く評価されていることを知る。ソクラテスの「死に方」は、「徳のある死」として評価されるのは、最後の最後まで、ソクラテスが、弟子たちに、牢屋にあっても人生を説き、哲学していることにあることを知る時に、私は、武蔵もまた、ソクラテスと同じように、自分の死の訪れを恐れずに、その死と対峙していることに深く感銘を受けるのだ。今や、武蔵は、武士としての太刀も、小太刀も、すべて捨てて、残された短い命で、霊巌堂に籠って、『五輪書』という遺言を書いているのだろう。

私は、「剣を奪い取りなさい」というセネカの言葉を、真剣に考えてみた。なぜなら、剣道を志している者は皆、いつかは、自分の刀を納める時が来るし、竹刀も納めなければならない時が来る。その時ほど、人間としての本当の真価が問われる時はない。つまり、武蔵にとっては、「兵法の道」が「徳」となり「善」となっているかどうかが試される時だ。今まさに、霊巌堂で『五輪書』という遺言を書いている死の直前の武蔵こそ、「肉体の徳」から「魂の徳」となる好機であり、「地輪」から始まり、「水輪」「火輪」「風輪」を経て「空輪」に昇華する好機である。いよいよ武蔵は、日夜、「朝鍛夕練」によって培ってきた魂、精神の人となって、あとのことはすべて自然に任せる、託する、正しく、武蔵の肉体は、純粋な精神となって、宇宙のどこかに霧消されていく。そして、そこに残されたものは、『五輪書』という「魂」であり、「遺言」という「新しい生命」があるのみ。これこそ、武蔵が長年かけて、兵法を通して学んだもの、これこそ永遠の命となるものだ。その命を伝えるものこそが「剣道形」であり、剣道形の思念というのは、「師」としての「打太刀」が、実際に「弟子」に打たれて「弟子」としての「仕太刀」に「新しい命」を教える、伝えるという精神、これは、正しく武蔵の遺言の精神と共通するものである。武蔵が、今まさに、自らの命を終えることにより残されたもの、それが武蔵の「遺言」としての『五輪書』であると思う。

今年の二月末に、岡山の石原範士を訪れて、剣道形をご指導いただいたのだが、その時に、石原先生が、剣道は伝承文化であるので、私の剣道はすべて、松井明先生、石岡立之先生をはじめ、西大寺の諸先生に伝えてある、と言われたその言葉を聞いた時、武蔵が霊巌堂に籠られて、『五輪書』を書かれたその時の心境を思い起こさずにおれなかった。石原先生、先生の剣道に刻まれた足跡はたくさんあるであろうが、まだまだ、やるべき仕事がたくさんあり、最後の最後まで、命のぎりぎりまで、剣道の「道」を追求してもらいたい。そして、それを、「遺言」として残してもらいたい。

最後に、「武蔵の遺言」について触れている論文があるので、そのことを記してこの章を終りたいと思う。この論文を書かれた方は、『宮本武蔵　研究論文集』[52]の著者・福田正秀氏で、その「武蔵の遺言」の章で、「天を仰げば実相円満、兵法逝去して絶えず」（宇宙の実相は、円満で欠けるところがない。その理に叶った兵法は、武蔵死しても絶えることはない）という遺言を武蔵が残された、と言っておられる。やはり、『五輪書』は、武蔵の遺言なのだ。

50　石原忠美『活人剣・殺人剣と人間形成』付録1　P93
51　セネカ　EpistleXIII　14-15
52　福田正秀『宮本武蔵　研究論文集』P69

Ⅳ　沢庵の遺言『不動智神妙録』

先の章で、私は、武蔵の『五輪書』を「武蔵の遺言」として捉えて、「武蔵の遺言」という章を書くことを試みたが、それと同じような観点から、沢庵の『不動智神妙録』も同様に「遺言」として捉えてみることは、果たして正しいのかどうかわからぬが、私は、頑固に、沢庵の『不動智神妙録』をも「遺言」という思想でみることにした。

沢庵に関しては、武蔵と違って、彼を兵法家として捉えることはできないので、私が武蔵に対して抱くよりも、何か、まったく別な存在として接近せざるをえないのかもしれない。なぜなら、沢庵は禅師であり、思想家であったので、いくら私が剣道を志す者として沢庵に迫ってみても、沢庵は孫悟空がお釈迦様の手の中から飛び出ることができないように、私の手に負えるような人ではないのかもしれない。それで私は、浅学ではあるが、沢庵が思想家であり、仏教者であるというところから、私なりの哲学の手法を用いて、沢庵に迫ってみることにする。

私のこの仮説が、きっと間違いであるということの証明になることはわかっているが、ここであらためて『不動智神妙録』が沢庵の「遺言」である、といって、その仮説を証明するべく、これから論じてみたい。

私が、沢庵の『不動智神妙録』を「遺言」として捉える理由は、沢庵の思想の中の「神」という思想が、「特定の神や仏」として捉えるのではなく、「神としての全体」として捉えているところにある。つまり、換言すれば、沢庵は、禅師としての自分を超え、また、思想家としての自分を超え、もっともっと広い意味の思想家で、どちらかと言えば、密教の「宇宙」よりももっと大きな「大宇宙」として捉え、「大自然」として捉えているので、そのような意味においては、兵法の思想を密教の思想として実践した武蔵の思想に近いもの、と理解できる。その理由は、沢庵は「兵法の道」を「心のありよう」として捉え、「徳」なるもの「善」なるものとして捉えることを絶えず心がけ、「善に親しむこと」を剣道の終極の目的であることを一貫して述べられていることを知るからだ。もう一つ、沢庵は、剣道を行動哲学として捉え、その点においては、密教と類似しているところがないわけでもないが、その行動としての剣道思想こそ、沢庵自身をして、単なる禅の求道者であるばかりでなく、禅の思想をも超えたところに目標を置いた、宇宙論者であるように思えてならない。

私は、ここまで沢庵の思想について書いてきて、待てよ、沢庵の思想が武蔵の思想に似ているとか、近い思想だというのは間違いではなかろうかと、ハタと、落ち着いて考えてみるに、沢庵こそ武蔵や柳生宗矩に影響を与えた人であるとしたなら、武蔵や柳生のほうが、沢庵の思想に似ているといわねばならないことに気が付いた。

史実のほどはわからぬが、沢庵の『不動智神妙録』の思想と武蔵の『五輪書』の思想には、数多くの類似点がある。その一つは、武蔵も沢庵も「兵法の道」というものを「心の修行」として捉えているところにあることである。武蔵のことは先の章でも述べたように「形」こそは「五輪」という密教の「円輪」の思想に基づいているように見えるが、その思想は、密教の思想に止まることなく、密教を超えたところの「新たなる密教の思想」といわなければならないくらいの武蔵独自の「万理一空」という「宇宙論」によって成り立っていると思われるのだ。私が思うには、武蔵の「万理一空」という思想は、古代ギリシャ・ローマの哲学を思い起こさせるにふさわしい「大宇宙」の思想に類する思想で、とくに、武蔵の「平常心」という思想は、ソクラテスやプラトンの「自然」「宇宙」を思い起こさせるにふさわしい「宇宙論」であると思われてならない。

沢庵の「不動智」もそうである。先ほども述べたように、沢庵の思想は、単なる狭い意味の「禅」の思想に限定されることはなく、「特定の神仏」という思想を超えたところに、沢庵の視点がある、と思われるのだが、武蔵の「平常心」も沢庵の「不動智」も同様に、「特定の神」という概念を超えた「絶対的な神」のような思想で成り立っていて、両者の心は、かくも壮大な思想で成り立っていて、その思想の中で、「行動する」という思想が展開されているように思われる。

ここにあらためて、沢庵の「不動智」の定義を見てみると、「不動智」は「心は四方八方、右左と自由に動きながら、一つの物、一つの事には決してとらわれないのが不動智《ふどうち》なのです」[53]と定義されていることを知る。つまり、「自由に動く心」のことを言われている。一方、武蔵も、同じく「自由に動く心」のことを強調し、いわゆる、「平常心」を「心を広く、まっすぐにし、緊張しすぎることなく、少しも弛むことなく、心が偏らないように、真ん中に置き、心を静かに揺るがせて、その揺るぎが、一瞬も揺るぎやまない」[54]状態に保つこと、と定義していることはご存知のとおりである。剣道を志す者としては、武蔵の定義のほうが、より実践的で、実証的であると思われるかもしれないが、どちらも「自由に動く心」のことを指していることは間違いのないことである。

私が武蔵の「平常心」の定義のほうが優れていると思うのは、武蔵が沢庵の定義を自分なりに手を加え、自分の経験を通して、この「自由に動く」という思想をさらに細かに分析され、新たなる仮説を立てているところにある。つまり、武蔵の新たなる定義というのは、「(心を)真ん中に置き」と言っているところにある、ということです。ここのところは注目に値するところである。なぜなら、「心」を自由な状態に保つためには、自由に保つための「何らかの力」が必要であるわけで、武蔵は、「心」の中にさらなる「心」を置いて、「心」を「自由に動かそう」としていることが窺える。このことを証明しているのが「心のこころ」と言っている「残心・放心」の思想であります。この思想は、「兵法三十五箇条」の二十六に出てくる思想であるが、「心のこころけなち、意のこころを残す」と言っておられる。ここのところは、大変興味のあるところで、私の大いに注目しているところであるのだが、要点は、「心のこころ」というところと「意のこころ」というところにあります。つまり、先ほども述べたように、「心」のなかにもう一つの「心」を置いている所であります。もう一度、先の武蔵の表現に戻ることになるが、このことは「心を真ん中に置き」というところと大いに関係がある。私が思うには、武蔵は、「心」を「真ん中の心」と「真ん中でない心」とを分けて考えていたのでないだろうかと思われる。そうでなければ、「心のこころ」という思想も「意のこころ」という思想も出てくることはできないからである。

私は、そこのところを深く理解するために、プラトンの「魂」の見解に頼ることにした。

「魂はすべて不死なるものである。なぜなら、常に動いてやまぬものは、不死なるものであるから。しかるに、他のものを動かしながらも、また他のものによって動かされるところのものは、動くのをやめることがあり、ひいてはそのとき、生きることをやめる。したがって、ただ自己自身を動かすもののみが、自己自身を見捨てることがないから、いかなるときにもけっして動くのをやめない。それはまた、他のおよそ動かされるものにとって、動の源泉になり、始原となるものである」[55]

プラトンの「魂」についての説明は、武蔵の「平常心」、また、沢庵の「不動智」のことを考えるのに大いに役に立つ。なぜなら、プラトンの「魂」論は、心の中に「動かす力」が存在することを説いているからだ。即ち、「魂」の中にある「動の源泉」なるものが「動かす力」「動く力」になっていることを知らされるのだ。武蔵は、ここの部分については「心を真ん中に置き」と言っているだけで、それ以上は説明していないが、「真ん中」に何かを置く、ということだけは、指摘される。プラトンは、そこのところを「動の源泉、始原」と言っているところから、私は、この「源泉・始原」という思想を「心の中の心」あるいは、これもまた、プラトンの言葉を借りることになるが、「善の実相」（イデア）を指しているのでないかと思われるのだ。そのように考えるなら、武蔵が「心を真ん中に置き」、「兵法の道」を極めるために、「徳」を求められ「善」をも求められたことが理解できる。「道」というのは「徳」に至り「善」に至るものでなければ、本当の「動く力」になることはできない。兵法の道が「徳」とか「善」に至る道として考えることにおいては、沢庵もまた「善」に親しむと言い、また、「太阿の剣」と言って「自由な心、永遠な心」の大切さを説いていることからして、沢庵も「源泉・始原」という思想を心の中において「動の源泉・始原」の必要さを説いているものと推察できる。沢庵は「太阿の剣」を通して「自由な心・永遠な心」の大切さを述べておられるが、その「太阿の剣」という思想を通してもう一つ示唆しているものがあることに注目したい。それは、「無師の智」とか「無作の妙用」と言っているところで、いわゆる「根本智」と言っているものについての教えである。

〈無師《むし》の智《ち》を得《う》る、とは、師匠も伝えてくれない、根本の智を得るということ。
無作《むさ》の妙用《みょうゆう》を発《はっ》す、とは、およそ愚かな一般人のやることは、総て意識して行なうために煩悩が起こって苦しむのですが、この無作《むさ》の働きは、作為《さくい》なく自然に出るもので、根本智《こんぽんち》から行

なわれるために、極く極く自然で安らぎのあるものです。〉[56]

武蔵の「我に師匠なし」という決意は、恐らく、沢庵の「無師の智を得るとは、師匠も伝えてくれない、根本の智を得るということ」に影響されたものと思われてならないのだが、武蔵は密教の「円輪」の思想をも乗り越えて、この「根本智」なるものを求めたものと思われ、「根本智」とは、沢庵によると、いわゆる「特定の仏とか神」というものの上に存在する、「神という全体」の「智恵」と考えられる。これは、私が想像するに、プラトンの「善の実相」に相当し、武蔵の「遺言」によれば「宇宙の実相」[57]に相当するもの、と思われる。これは、単なる偶然とは、考えられないし、これが武蔵の偉大さであると思われるのだが、どうして一介の武士が、修行者が、プラトンの言われる「善の実相」という思想にたどり着いたのであろうか。私が思うには、武蔵の「万理一空」という思想が武蔵をしてそのような境地に達せさせたものと思われるのだが、それにしても、遺言の中に見られる「宇宙の実相」という思想は、なんと素晴らしい思想であろうか。私は、この「宇宙の実相」こそが「万理一空」の思想のたどり着いたところと思うし、『五輪書』の目的も「宇宙の実相」にあったのではなかろうかと思われるのだ。

沢庵の思想には、「特定の神とか仏」という狭い意味の「神」ではなく、もっと広い意味の「宇宙」というような意味があることは先ほど述べたところであるが、その思想は、確かに、密教の「多即一」の思想の中にもあることはあるが、私が言いたいのは、武蔵の求めたものは、密教の「多即一」の思想ではなくて、もっともっと広くて大きなものとしての「多即一」という思想である、と思いたいのだ。そのように考えるなら、武蔵の求められた「万理一空」という思想は、沢庵が暗示するところの「根本智」に相当するものであり、密教とか、華厳とか、禅とか、という特定の思想に限られることではなく、「神というものの全体」の知恵に相当するものである、と考えられ、それを、武蔵は「仏神は尊し、仏神をたのまず」[58]と言っているものと思われるし、沢庵もまた「根本智」あるいは「神という全体」の思想からも分かるとおり、両者も、特定の神や仏、あるいは、特定の宗教を超えた何かを求めていることを知るのだ。そのように考えることができれば、沢庵が『不動智神妙録』を「遺言」として残そうとした意図が、沢庵にも十二分にあった、と思うことができる。『不動智神妙録』の注釈者である池田諭氏は、この本を柳生但馬守に与えた理由として、「人間とは何か、いかに生くべきかを語ったものである」[59]、と結んでいる。この本を柳生という「兵法家」に与えた影響は大きい。また、兵法家である柳生の心も広く大きく、やがて、その時代に同じく兵法家として生きた武蔵もまた、沢庵の『不動智神妙録』から受けた影響も大きい。

〈人に人間としての尊さを感じとらせず、人間として生きる喜びを与えないものは、人間としては未だ未熟だというのである。ということは、兵法家として剣の技に非常に秀でても、人間として秀でない限り、全くかたわであり、そういうかたわが多いということを嘆いたのが、沢庵その人であった。〉[60]

私は、池田氏のこの見解に賛成である。そのような意味において、私は、釈迦に説法になるが、もう一度、沢庵の「説法」を、沢庵の「遺言」として、剣道を志す者の戒めの言葉として、大いにその心を受け継がねばならないもの、と思っている。その心を「遺言」として捉えるか、捉えないかは、求める者の我々の心次第、ということになる。

53 沢庵宗彭『不動智神妙録』池田諭訳、P29
54 宮本武蔵『五輪書』松本道弘訳、P74
55 プラトン『パイドロス』245C
56 沢庵宗彭『不動智神妙録』池田諭訳、P185
57 福田正秀『宮本武蔵 研究論文集』P69
58 宮本武蔵「独行道」、松本道弘訳『五輪書』P36
59 沢庵宗彭『不動智神妙録』池田諭訳、P15
60 前掲書 P16

V

交剣知愛　京都・岡山・函館

(1)形稽古

私の京都大会の心は、今や、函館から岡山へと飛翔し、西大寺道場に舞い降りた。時は春、春は二月、函館を飛び立った飛行機は、東京を経由して、岡山空港に着いたのは九時半、西大寺のホテルに着いたのは、夜中の十一時半であった。ホテルの近くのコンビニで酒とおにぎりを買い、フロントに五時半のタクシーを予約して、翌朝の稽古の心の準備をするが、酒が少ないせいか、なかなか寝付かれぬ。心の中は、見知らぬ道場での「形稽古」において何が起こるのか心配であった。

寝不足の目をこすりながら、タクシーに乗ると、五分ほどで道場に到着。道場には既に電灯が点いていて、剣道家らしい人が数人、稽古着に着替えていた。挨拶をすると、間もなく、石原忠美範士が現れた。京都大会の朝稽古で稽古を何度かいただいた、あの先生だ。心配の中に、ちょっとした安堵感が現れるのを覚えた。着替えているうちに、大勢の人たちが現れて挨拶をすると、その中に、石岡立之八段がおられて、石原範士の合図で、早速、形の稽古が始まった。石岡先生が打太刀、私が仕太刀として、形を打たせていただいた。終わっての石原範士のご批評は、だめ、日本剣道形の解説書通りやっていないから、だめ、であった。何もかもが、だめ、であった。岡山の出稽古のために、私なりに稽古を積み、私なりに土地では社会体育の剣道上級を持っている人とそれなりの形の稽古をしてきたのに、結果は、だめ、であった。

あとで、その時の実践録を記すことになるが、私の剣道形稽古修行は、かように惨憺たるものであった。その日から一週間、懸命の形稽古が続いた。石原範士には、本当にご迷惑をおかけした。後にも先にも、このような形稽古をいただいたのは、初めてである。一般的な意味の「三昧」とはいかないにしても、私の心の辞書においては「三昧」になっていた。石岡八段に基本的な指導をいただいた後、相手を替えての稽古は、毎日、月曜日から土曜日まで続き、途中、人の頭を叩いたり、一本目の面抜き面の動作ができないために、腹を切られたり、それは、それは、汗と涙の物語であった。

太刀の五本目と六本目の「すり上げ」のところは、「すり上げ」の「原形」がわからないために、ずいぶんと手間隙がかかった。石岡八段は、木刀を持ってきて、その木刀をガラスのビンで磨き、つるつるにした状態で、やって見せてくれた。すり上げた後の木刀の「すり上げの跡」が、一点として残っているのに、私の「すり上げの跡」は、鍔の辺りまで、長い「すり上げの跡」がついている。「すり上げ」はもちろん、「鎬」を使うのだが、「長い跡」が残るような「すり上げ」方ではなく、「一点」にならなければならない、と言われた。この「一点」の思想は、面の打ち方、小手の打ち方、胴の打ち方、すべてに通じるもので、心して修行すること、と何度も指導された。いわゆる「一人稽古」である。

ホテルの空き地で一人稽古をしながら、にわかの稽古で仕上げようとしても、到底にわかの稽古では「形」はものにならない。足を直すと手が、手を直すと足が、足と手が少しよくなると目付けが、目付けを意識するとまた足と手がおかしくなる。すべてがバラバラ、「バラバラ事件」とはよく言ったものである。

岡山市の道場に牧野七段に連れて行ってもらったが、着くやいなや、松井明範士が待っていてくれて、道場の右半分を使っての形稽古が始まった。西大寺での厳しい稽古の後で、気持ちはいくらかゆとりがあるはずなのに、そのゆとりすらもまったくない。太刀一本目の時に、面抜き面の技が不完全であったところを、松井範士は無言で、小生の稽古着の腹の部分を、ばさっ、と切ってくれた。これは正しく無言の教えである。稽古は、一応、小太刀の三本目まで行なったが、小生の背中から、汗がどっと出ていたことを忘れることができない。まだまだ打太刀の気の強さには、とてもついていけなかった。木刀による形稽古の後、松井範士は居合刀を持ってきて、刀の抜き方、納め方を指導してくださった。感謝。

四日目、ふたたび岡山市の道場の稽古であった。石岡八段が、牧野先生と私の稽古を見てくださった。裏表の役を終わって、指導されたことは、呼吸法であった。ウン、と呼吸を止めての稽古、これがなかなか難しい、いや、最も難しい。稽古が少しずつ上達するにつれて、教える内容もまた変化してくる。この呼吸法は、最後の過程であるかもしれない。いや、剣道形には、最後も初めもない、と思わなければならない。「剣道形」そのものを「師」として仰ぎ、その真髄を学ぶように心掛けなければ、剣道形の真髄は見えてこない。見えるところまで、一人稽古をくり返し、上位の先生との稽古をいただく、これが剣道形の真髄である。

木曜の晩、明後日は最後の稽古日とあって、皆で会食をすることになった。石岡八段はじめ、私の稽古の相手をしてくださった諸先生方、久山先生、岡崎先生、川口先生、小村先生、三木先生、木本先生、それに会長の河本先生が集まってくれた。川口先生の眉間を打った私は、謝りながらの会食であったが、心を和ませるに十二分の楽しい雰囲気であった。感謝。

いよいよ最終日、これで最後かと思うや、前の晩はなかなか寝付かれなかったが、それでも五時には起きて、ホテルの空き地で打太刀、仕太刀のおさらいをして、それから道場に出向く。快い緊張感があった。道場には、ビデオ・カメラが用意され、石原先生が中央に位置されて、演武開始となった。

木本先生と三木先生に相手をしていただき、裏表の剣道形を何とか終了することができた。しかしながら、これは、剣道形稽古の始まりであり、出発点と心得ている、その気持ちがなければ、剣道の心は生まれないし、長くは続かない。大切なのは、心に革命が起こってからの心である、その心が常に何かを求め、何かをしかと見ていないと、心自身が迷うものだ。

夕刻、久山先生、岡崎先生、牧野先生がホテルまで来てくださり、近くの居酒屋で食事をした。皆様、有難う。これが私の剣道形修行の始まりである。牧野先生は、わざわざホテルに泊まって、翌朝早くに空港まで送ってくださった。深謝、合掌。

(2)剣道形の真髄を求めて

「稽古は形の如く、形は稽古の如く」と言われるが、小生の四十年の剣道修行の中で、そのような意識を持って形を打ち、稽古をしたことは一度もなかった。どちらかというと、形は審査を受ける前の数週間、それも、かたちだけの練習で、形の持つ本来の意味を積極的に理解し、それを修得しようと努力したことはなかった。

形についての意識を改革する糸口を与えてくれたのが、石原忠美先生の書かれた『活人剣・殺人剣と人間形成』という著書であったが、この著書は、石原範士の剣道の極意書と思われるもので、いわゆる石原範士の剣道の極意・隠し味がすべて書かれているものと理解しているが、その著書に出会った小生は、生意気にも、頭で考える悪癖にまかせて、石原先生に、「剣道形を教えてください」と頼むことにあいなった。

その願いが叶って、二月二十二日から三月一日までの八日間、正味一週間を、石原先生の下で剣道形を修行させていただいたのだが、その実践録を今、記録しているところである。驚くなかれ、石原範士の剣道の哲学は、既に、先ほどの著書『活人剣・殺人剣と人間形成』の中に既にあることに、今新たなる気持ちで、そのことに気がついた。その本をあらためて読んでみると、石原先生が、そこで言われていることが、前よりもずうっとよくわかるようになった気がする。なぜだろうと、その原因を考えてみると、やはり、今回、岡山に行って、形の修行をさせていただいたことにある、ことに気が付いた。「形の修行」「形の稽古」、これが、石原先生の極意なのだ、と新たなる感動を覚えた。

著書の「抑えの剣道の哲学」という項を読んでみると、そこに、このようなことが書かれている。

〈抑えの剣道の哲学。これは目下、工夫中の私の剣道です。矢野一郎範士が、第一生命の元会長ですが、講演録の中に「剣道六段階」ということを言うておられるんです。学士会館で学士が集まった時に剣道の話をしておられる。剣道には六段階がありますよ。当てる、叩く、打つ、切る、抑える、忘れる、という段階がある。しかし、自分は打つ剣道までは知っているけれども、抑える、忘れるの境地は知らない。しかし、相手の技を気で抑えるという剣道があるということは聞いておるということを言っておられる。〉61

石原範士は、矢野一郎範士の「剣道六段階」の話を元にして工夫されたのであろうが、『五輪書』の「枕をおさゆると云う事」の「敵のすることを抑えん、抑えんとする心、後手なり」という教えを警句として、次の五つの極意を編み出されたことを知った。この度の岡山での剣道形修行のおかげで、これらの「五つの極意」こそが、石原範士の剣道の極意と知り、その極意が、剣道形の中にあることをあらためて知った。

①傘の切っ先〈傘は、唐傘の切っ先。これはイメージですね。いわゆる刀の切っ先と、それから鎬《しのぎ》を使ってやる。これは一刀流の極意であります。攻めの極意。〉[62]

石原範士は、この「傘の切先」という極意を、剣道形の中で修得されたものと、推測することができる。なぜなら、四番目の「瞬間善処」の中で「鏡の前での一人稽古」を大切にされていることを知った時に、形の中の「鎬」を使う部分を意識されて、「鎬」をどのように使うか、また同時に「物打」をどのように使うということは、石原先生が鏡の前での「形」の「一人稽古」から生まれたものであろうと思われるし、これが即ち、「物打ちの一点で打つ」の極意に通じるもの、と思われるのである。

形の解説書で「物打」と「鎬」の技を教えているところは、七本目であることを知ったし、六本目も、五本目も、また三本目も「鎬」の使い方を主要な教えとしていることを知った。とくに三本目は、「鎬ですり込み」「物打の鎬で軽く入れ突きに萎やす」とあるので、そこを修得すれば、「傘の切先」の極意も「鎬」の使い方も修得可能となりそうである。そのように考えると、「傘の切先」の極意というのは「鎬」を使うこと、「物打」を使うこと、とは切り離すことができないことを知った。いずれにしても、その極意は、剣道形の中にある、ということであろう。

②浮木流木〈年が寄ると崩れが出る。水に浮いておる木は、いくら沈めようと思って突いても、ついには突いているほうが参ってしまう。浮木は絶えず水を抑えて浮いておる。こういう剣道がある。いわゆる崩れない。〉[63]

この「浮木流木」の極意にしても、私は、石原範士は剣道形の稽古、それも一人稽古の中で自得されたもの、と思われてならない。なぜなら、「形」の稽古というのは、「技」のみでなく「心」の部分をも修得するのに大切なものであるとしたら、その中には当然、足の使い方、手の使い方、腰の使い方も含まれるし、そのように考えると、「崩れない」体勢を作ることもその中で修得できるはずである。私は「崩れない」とは、「肉体の崩れ」「心の崩れ」の両方を表わし、この両方の崩れを生じさせない稽古、これが形稽古の中にあることを悟り、形稽古に専念されたものと思われる。いわゆる、石原先生が言われる「剣道形の呼吸法」なるものが、この極意に相当するものと思われる。その呼吸法を学べば、「崩れなくなる」のであろう。これこそ、「形は稽古のように、稽古は形のように」という教えであることを知った。そしてまた、岡山の帰りのお土産として、石原範士が『天狗芸術論』の中の一説、「学は、自得にあらざれば、用をなさず」という文章をくださったのも、小生に「自得」の大切さを教えたかったのであろう。有難いことである、頭でっかちの小生にとっては……。

③緩急強弱〈これは剣道形審査上の着眼点第6項にある言葉。説明は何もしとらん。私は速からず、遅からず、強からず、弱からず、剣道はちょうど大事なのは、ちょうど良いところ、これを私はさじ加減と言うております。〉64

石原先生の言われる剣道形審査上の「着眼点」を見て、「目付け」、「呼吸法」、「充実した気勢」の項目が挙げられていることを知る時に、「緩急強弱」というのは、「目付け」、「呼吸法」、「充実した気勢」から生まれることを知った。四番目の「瞬間善処」の思想と並んで、「緩急強弱」の極意は、石原先生の剣道においては最も大切な哲学の一つである、と思われ、「緩急強弱」なくしては、「形」はもちろんのこと、稽古も成り立たない。この教えが、あとの「対立と調和」の思想にも活かされて来ることを知る時に、「緩急強弱」の思想は、肉体の呼吸と共に、気の呼吸、心の呼吸にも関係してくることを知らされた。

④瞬間善処〈昭和五十六年十二月に剣道形解説書ができた。その当時、私は全剣連の審査員をやっておった。地方講習の講師もやっていた。そういうことで、すぐ解説書どおりの剣道形を覚えるために、鏡の前での一人稽古で、瞬間、瞬間を善処しながら覚えた。これが非常に役に立った。〉65

「一人稽古」というのは飽きやすく、時には、稽古をおろそかにしがちであるが、石原先生は、「鏡の前の一人稽古」を黙々とこなし、剣道形を解説書どおりに、打てる練習をした、と言われる。まったく頭が下がる。今回の岡山への出稽古において、「鏡の前の一人稽古」の必要性、大切さを、身をもって体験したことは、それが小生の心の改革になり、それができると、どこにいても、たった一人でも稽古ができる、ということを知ることになった。つまり、「瞬間善処」というのは、もちろん、相手の動きを見て、相手の動きに応じて、どのように対処するか、ということにもつながるが、もっと大切なことは、己の剣道修行のあり方がどのようでなければならないか、という「己の心」の問題でもある、ということになることを知った時、毎日の瞬間、瞬間の「善処」を積み重ねていくことが、剣道形を打つ時も、稽古をする時も、大切である、ということになるのだろう。そのように考えると、武蔵のいわれる「平常心」という思想は、結局は「瞬間善処」の思想と同じであることを知るのだ。なぜなら、この「瞬間善処の心」というのは、「うわべの心」ではなく、「底の心」を指していると石原先生は言い、心の底のほうで、正しく判断する「底の心」が働いていなければならない。これは正しく武蔵の「平常心」の思想であると思われる。

⑤対立と調和〈剣道はね、対立の時、攻め勝つことが半分。そのあとは技を決める時。この時

には、相手と見事に和して、協力して決めることになっておる。剣道の技は仕掛け技でも応じ技でも協力して決めるようになっておる。別の言葉でいえば、剣道は竹刀をもった対話であります。それは単なるおしゃべりではなく、大事なことを聞いてもらう対話であります。そうすると礼を尽くして聞いてもらえる時に手順を尽くす、考えて納得してもらうこと。これが有効打突なんです。〉66

ここの思想は、正しく石原先生が言われる「活人剣」の思想と「殺人剣」の思想とが深く関わるところで、「対立」というのは、もちろん「殺人」の思想を表わし、「調和」というのは、「活人」の思想を表わすものであることを理解できた。石原先生の言われるように、もしも「攻め勝つ」ということが「半分」に過ぎないものであるとしたら、「攻め勝つ」ことだけでは「有効打突」を得ることはできないことになる。なぜなら、あと半分の「調和」がなければ、「有効打突」にならないからだ。

ところが、ここのところは、小生の力では、まだ石原先生のこの極意は理解できない。なぜなら「竹刀を持った対話」というのは、柳生新陰流の「真の自然体」という構えでなければならない、と新たなる課題を提示されているからだ。この「真の自然体」のことを石原先生は、武蔵の「空の攻め」の思想で説明しておられるが、そこのところがなかなか理解できない。小生が想像するには、「真の自然体」というのは、「いや、あんたがこねまわすから、同じようにこねまわすのではなく、できるだけあんたに力を使わせないように私は考えた。私は、その時に竹刀を強く握らずに、竹刀は持っておるだけで柔らかく持って、手の甲と手のひらで中心を取りました」（『活人剣・殺人剣と人間形成』、P62）という説明の中に、その答えが隠されているように思われるのだが、それがなかなかわからない。とくに「手の甲と手のひらで中心を取りました」というところが、難題である。小生が思うには、「手の内に収まった竹刀にはまったく力を入れずに、手の内と竹刀とが一体になったような状態」をいうのでないかと思われるのだが、いかがであろうか。そうすると、手のひらの中に入った竹刀は、手の内と一体となって収まっているので、中心を取るときには、手の甲を使うか、手のひらを使うかしなければ、中心は取れないことになる。つまり、右手にも、左手にも、何にも力が入っていない状態を指すのであろう。そうすると、手に力を入れて、こねまわす必要がなくなる。そうすると、「竹刀を強く握らずに、竹刀は持っておるだけで柔らかく持っている」状態を作ることができるような気がする。石原先生は私に、「両手が中に入りすぎている、もっと力を抜いて、竹刀をもう一握り前に出し、脇の下に、手が入るくらいにする、と力が抜ける」と教えてくださった。その要領で構えてみると、なんだか調子がよく、力が抜けて、手の動き、足との連動が自由になるような気がするのである。

私は、石原先生のこの「構え」を学ぶために、重岡先生と石原先生が打たれた剣道形をビデオで何度も拝見してみた。そうすると、ここの構えの説明がよくわかってきた。やはり、思ったとおり、石原先生の構えも、重岡先生の構えも、小生の構えよりも一握りほど前に出ていて、左の拳の高さも小生のそれよりも少し高く、脇の下にかなりの余裕があることを知った。そうすると、足の動きが自由になり、腰を中心にして動けることを知り、これであれば、手で押さえたり、腕で抑えたりする必要がなくなる、ことを知った。やってみよう。果たしてこれが「真の自然体」であるかどうかわからぬが、試してみる価値があるというもの。

石原先生が言われる「真の自然体」という思想は、もしかしたら、武蔵の「自然の法則」に従うことと相通じ、また「空ずる」という思想と相通じるものでないかと思われるのだが、石原先生が「空の攻め」としての武蔵の教えを実践しておられることからして、石原先生は既に、武蔵の「兵法の徳」を究められ、「自然の法則」を究められておられるのであろう。ゆえに、石原先生の稽古をいただくと、「息が上がるし」「硬くなってしまうし」「痺れてしまう」状態になってしまう。これこそ、柳生新陰流の「直立《つったっ》たる身の位」、即ち「つっ立った」だけで、相手に攻めが効いている状態になる、ということ。これを石原先生は「真の自然体」と言っておられ、この境地こそが、「真の攻め」なのであろう。

いずれにしても、剣道形の稽古の中に、剣道の真髄が隠されていることは確かであるので、剣道形を解説書通りにやることが大切で、そのためには「鏡の前の一人稽古」を行なって、「理合」を「自得」する必要がある。そうしなければ、「形」の稽古は、「単なる形」だけの稽古で終わってしまう恐れがあり、そうならないようにするためには、「形」で学んだ理合を、「稽古」に応用し、「稽古」で学んだことを「形」の理合で確かめて、それをさらに高いところに持っていく必要がある。そうすることが、石原先生の言われる「瞬間善処」という教えとなり、それが積み重なって武蔵の「空の攻め」に至るもの、と理解している。感謝。

61　石原忠美『活人剣・殺人剣と人間形成』P80
62　前掲書　P81
63　前掲書　P82
64　前掲書　P82
65　前掲書　P82
66　前掲書　P83

(3)良い音が出ること

石原忠美先生、今、岡山は桜の花の旬の季節でしょうか。先日、NHKの番組を見ておりましたら、後楽園の桜の様子が映っており、懐かしく拝見させていただきました。一人の旅人が旭川を下って、周りの動植物を紹介し、最後に後楽園の桜の景色で終わりました。小生が訪れた時は、まだ梅の時期でありましたので、あれから一月以上は経っているのですね。

その後、先生におかれましてはいかがお過ごしでしょうか。相変わらずのご健勝とご精武のことと存じます。その節は、大変ご迷惑をお掛けいたしました。未熟者の修行者を迎えられて、さぞかしお疲れでありましたでしょう。小生のほうは、北海道の田舎に戻ってからも、一日たりとも剣道形の稽古を休むことなく、絶えず工夫をしながら、とくに足りなかったところを復習しながら、重点的に稽古をしております。先の書状にも書きましたとおり、小生は、剣道形の意味することがまったくわからず、ただやみくもに竹刀稽古のみをしていたのですが、石原先生のご指導をいただいてからは、すっかり剣道に対する思想が変わってしまいました。本質的に変わったといっても過言ではありません。たとえば、面の打ち方にしても、絶えず太刀の四本目の「相打ちの面」のところに「観の目、勘の目」をおいて、「面打ちの原形」を意識しながら、素振りをし、実際にその面の打ち方で稽古をしております。また、居合刀を用いて、中段から右上段の構えの位置にまで振り上げて、そこから相打ちの面のようにして振り下ろすことを心掛けております。そうしましたら、刀から出る刃鳴りの音がすっかり変わったことに気がつきました。何も力を入れなくとも、鋭い刃鳴りが出るようになりました。その時に、初めて、石原先生の「一人稽古」の大切さに気がつきました。なるほど、このようにして、手の内を作っていくのか。面の位置に達する瞬間に手首を締めてやると、正しく面の打突部位を捉えていることに気がつきました。これが、石原先生がいうところの手首の妙なのだ、面打ちの原型というのは、そのことなのだ。そのことに気がつき嬉しくなりました。テレビを見ながらも、力を入れずに、刀の重さを利用するような気持ちで振ると、いい音が出ます。結局は、手の内というのは、音のことなのだ。いい音の出ない手の内というのは、間違いだ、ということに気がつきました。その要領を意識して、実際の稽古で技を使ってみると、今までとは違った音がすることに気がつきました。太刀五本目の面すり上げの時のような、「一点」で当たるような音が時々するような気がいたします。小生の今までの打ち方は、擦るような音で、「一点」で打っていなかった。時々、石岡先生が見せてくださった木刀の傷跡を思い出します。六本目の小手すり上げの時のあの音です。「一点」で打つ。正しく、この音がその理合であると、今は信じます。

今、少し欲張って、呼吸法に挑戦しているのですが、そこのところは、まだまだです。一息で、うんと踏ん張って、一つの形を打ち切ることはまだできません。最初の一本目ができたとしても、二本目、三本目と続かないです。今は、二呼吸でやっております。いつか一呼吸でやれる日が来ることを願いながら稽古をしております。

あの後、武蔵の『五輪書』を読み直しました。今回の読みは、『五輪書』を「兵法書」としてのみでなく「哲学書」として読むこと、という二つの視点をもって読み直しました。結論から言って、小生は、『五輪書』は、「兵法書」であるばかりでなく「哲学書」であると信じるのです。今回は、仏教の教えの「密教」と「華厳」の教えの両面から石原先生がご指摘の「万理一空」の思想に迫るべく、読み直しました。この「万理一空」という思想は、密教を飲み込み、華厳を飲み込み、沢庵の「不動智」、ギリシャ・ローマの哲学をも飲み込むような、驚くべき、ドデカイ、巨大な思想であると思うのです。確かに、名前をはじめ、内容も、密教の思想の「五輪」から学んだことは理解できるのですが、武蔵の思想は、それを遥かに越えたところにまで昇華されていることを知るのです。それは、特定の神、特定の仏、特定の思想では推し量ることのできない代物と捉えなければならないもので、この教えは、武蔵は、沢庵から学んだものと思われます。

どうぞ、お読みくださって、ご感想をお願いいたします。小生は、これから後の章において、「神的な範型」としての「日本剣道形」について、修行の在り方について私見を述べさせていただきます。この章においてもまた、石原先生のご見解を引用させていただきます。変わらぬご指導をお願いいたします。松井先生、石岡先生はじめ、西大寺の諸先生方によろしくお伝えください。変わらぬご精武のほどを。

（平成二十一年四月十三日記）

(4)物打は一点

石原忠美先生、この度は小生の剣道形の実践録についてのご親切なご指導、有難うございます。先生からメモしていただいたところを、小生の備忘録にきちんと記録して、忘れないように努めます。その中の、「物打」についてのところですが、小生は、「物打」というのは、「一点」ではなく、「幅のあるもの」と心得ていたのですが、先生の教えでは、「物打は一点」であって、刀の一番切れるところ、であることをあらためて教えられました。「鍔」と「物打」との関係もわからなければ「鍔」は受けるためのもの、と思いがちで、形の稽古や実際の地稽古においても、「鍔」を受けるために使いがちであります。そのことを教えていただいて有難うございました。岡山の形稽古においても、ずいぶんとそこのところを直されたことを今思い出しております。「物打は一点」、これは剣道修行において大切なものであり、それなくしては、正しい技、正しい間合もわからないことを知りました。刀工の話もいい話ですね。刀工は、刀を作る時に、そのようなことまで考えながら作られるのですね。「物打」が刀の生命であることを知ったら、普段の稽古も変わってこなければならなくなります。「物打の一点」で打つように心掛けること、これが肝心です。

本日、牧野先生より、石原先生の色紙を送っていただきました。有難うございます。「緩急強弱」、大切な言葉であります、剣道形においても、実際の稽古においても、「緩急強弱」

がなければ剣道にならないし、相手の心を察知することも、相手の動きに対して応ずることも不可能です。この教えは、「対立と調和」の思想と並んで大切な教えで、先生が言われるように、「速からず、遅からず、強からず、弱からず」に打てることを心掛けてみます。剣道形においても、そこのところを心掛ければ、もっと見映えのする形が打てるのでしょうね。花というか、香りというのか、先生が「神業」と言っているのも、そこのところなのでしょうか。

話が変わりますが、先日送らせていただきました「五輪書の哲学」はいかがでしたでしょうか。小生の浅学な知識で、あのように書いてみたのですが、武蔵はなかなか手の内を見せないので、「万理一空」という思想を理解するための一つの手掛かりとして、「密教」のこと、「華厳」のことなどを、沢庵の『不動智神妙録』や柳生の『兵法家伝書』と並べて考えているのですが、武蔵の哲学はなかなかの難問で一筋縄では理解できません。ところが、石原先生の書かれたものを読むと、いろいろと助言を与えてくださるので、そこを頼りにして、『五輪書』を読むと、理解が深まってくるのです。先生も、ずいぶんと武蔵を読まれておりますね、そして、自分で創意工夫しておられることを知るのです。

石原先生が、著書の中で武蔵のことを書かれておりますね。何度も何度も読んでいるうちに、そうか、そういうことなのだ、と気が付くのです。密教、華厳の参考書を読みながら、先生が引用していた「兵法三十五箇条」の「万理一空」のところを読んでいて、ああそうか、武蔵が言っている「万理一空」という思想の中には「密教」も「華厳」も含まれるのだ、ということに気が付いたら、武蔵の『五輪書』の思想というものがどういうものであるか、に理解が大きく深まりました。それであのような結論になったのです。すべての道理が「万理一空」の思想の中に入る、と考えると、密教の「五輪」という思想も、華厳の「一即多」という思想も、沢庵の「不動智」という思想もことごとくその中に入ることができる可能性を見ることができます。いずれにしても、武蔵にかくも大きな影響を与えたのは、沢庵であると、ようやくにしてわかりました、なぜなら、沢庵の『不動智』の思想には、仏教を超えた物の考え方が存在し、仏、神という範疇を超えたところの絶対的な「神」の存在までも示唆しているからです。驚きました。

追伸：「切る」ということについてですが、先生は、「切る」とは、「刀の重さ＋力＋瞬間速度（手首のスナップ）」と説明してくださいましたが、その時の「力」というのは「押し手、引き手のテコの原理」と考えていいのでしょうか。小生は、居合刀を用いて「面打ちの原型」を意識しながら振ってみると、刃鳴りが最も鋭く出るところがあることに気がつきました。その振り方は、先ほどの「テコの原理」を意識することと、「刀の重さを利用する意識」と、もう一つ、「当たる瞬間」に「両手の小指」を締めながら、「手首を入れてやる」ようにすると、そのような鋭い音が出るような気がするのですが、そのような要領でいいのでしょうか。

（平成二十一年四月十六日記）

⑸密教と武蔵の「万理一空」

石原忠美先生、京都大会の今年の行事も終わり、また元の生活に戻られ、いつもの稽古を再開されておられるものと存じます。私も、石原先生にお会いできるという思いに勇気づけられ、大会にも稽古にも積極的に参加することができました。とくに、三日の二時に割いていただいた喫茶店での会話は、私の剣道に対する心をさらに勇気づけるものでありました。

何度聞いても、「手の内」の作用は難しく、試行錯誤で自分の一番いいものを身につけることが肝要であると悟りました。何も力が入っておらぬこと、何も握っている状態がないこと、この「自由な手の内」が、石原先生の言われる「緩急強弱」という「さじ加減」であることをあらためて知らされました。言葉では、「瞬間善処」とか「対立と調和」のことは理解していても、それを実際に表現できるには、時間と努力が必要です。だからこそ、やる価値がある、と新たなる挑戦の気持ちを持ちました。この呼吸を自得するためには、普段の稽古においてはもちろんのことですが、剣道形の一人稽古も同時にやる必要があると、心に戒めました。

立合においては、相手は大阪の先生でしたが、構えも、体勢も崩さないようにして、平常心で戦うように努めました。相手の面打ちに対して、「面返し胴」と「面すり上げ面」を試みましたが、決まりませんでした。でも、自分の剣道に変化が起きたことに気がつきました。

とくに「面すり上げ面」という技は初めて使いました。相手の動きをとっさに判断し、面をすり上げて面を打って出ることができました。もっともっと技を磨き、心を磨いて、来年の十一月には八段にあらためて挑戦いたします。

「密教」と「宮本武蔵」の内容はいかがでしたか。私は、松長有慶氏の『密教』[67]の内容はわかりやすく、武蔵の思想を考察するには、なかなか参考になるものと思います。とくに、武蔵の「水之巻」については、松長氏のおかげで、考察の仕方が足りなかったと、反省しているのですが、武蔵が「水之巻」において「心」の問題を取り上げたのは、「水の性質」からしてそれでよいのだと、今は反省をしているところです。なぜなら、『密教』の著者が言われるように、「水は生きており、それは宇宙生命の一つの象徴、つまり、如来の三昧耶身《さんまいやしん》だとみる密教の思想」は、正しく、武蔵が密教から学んだ思想で、つまり、「我心」と「仏心」と「衆生心」の三つが「一つ」になるという思想で、武蔵の「万理一空」の根本思想になっているものと思われます。この「水」の思想が「人間のもつ生命力のたくましさと美しさ」を求める中心的な思想になっているものと思われ、この思想を、武蔵の『五輪書』に当てはめて考えてみると、『五輪書』は、「兵法」の理法を「人間のもつ生命力のたくましさと美しさ」にまで高めようとしたもので、それは武蔵の「哲学書」である、と私は判断するのですが、いかがでありましょうか。そのように考えるなら、剣道の目標が「剣の理法の修錬による人間形成」という判断も正しく、石原先生が言われる『活人剣・殺人剣と人間形成』

という思想も、武蔵の書き記す『五輪書』の内容に基本的に一致するもの、と思われます。
東寺を参観したことはとても勉強になりました、武蔵が三年もかけて描いたという「鷲の図」と「竹林の図」は大変参考になりました。来年は、ご一緒に東寺に行きませんか。石原先生とご一緒なら、また先生の武蔵論が聞けて、なお一層楽しいものになるものと信じます。どうぞ、健康に留意されて、ますますご健武であられますことをお祈りいたします。皆様によろしくお伝えください。

（平成二十一年五月七日記）

67　松長有慶『密教』

⑹「武蔵の遺言」について

石原忠美先生、お手紙有難うございます。おかげでまた元気をいただき、先生の心に少しでも近づこうと自分に鞭打っております。

今、石原先生の気をいただいて、また、剣道のあれこれについて、自分の勉強も兼ねて、思いついたことをまとめているのですが、小生も「京都大会」に参加させていただいて十五年にもなるので、その「京都大会」について、想い出を辿りながら、いろいろと文章を記しております。ところが、小生の現在というのは、石原先生との関わり合いの中で、武蔵との関わり合いの中で、また沢庵との関わり合いの中で、物を考えるようになっていることに気が付きました。剣道形一つを例にとっても、岡山でいただいた稽古が、小生の思念の基礎となっているので、石原先生に教えていただいたことを、思考の基礎にして考えてしまうのです。

今回は、それらの文章の中の一つ「武蔵の遺言『五輪書』」を送らせていただきました。小生は、武蔵の『五輪書』を「遺言」として捉えて、書かせていただいたのですが、果たして、それでいいかどうか、お読みいただけますなら幸いです。武蔵の『五輪書』の伝統を最も強く受け継ぐものは、「剣道形」にあると思って書きました、とくに、武蔵の「針と糸」という比喩による「師弟の関係」が、最も大切な教えとして「剣道形」に伝えられている、と判断し、それを「遺言」として表現いたしました。それでよろしいでしょうか。ご批判ください。

密教の教えと武蔵の思想の関係について研究してみると、やはり、武蔵の「五輪」という思想は密教の「円輪」という思想に影響を受けていることは明らかで、その「円輪」という思想が「万理一空」という思想になっているものと思われます。「万理一空」という思想は、石原先生も言われておりますように、「安心立命」という「宇宙」とか「自然」に近い思想で、私には微妙な意味の違いはわかりませんが、武蔵は最終的に、とくに、「霊巌堂」に籠られて、『五輪書』を記した時には、刀も、竹刀も、肉体もなく、精神の人となっておられたものと、思われます。自分の命を『五輪書』という遺言に託されて、「兵法の道」の修錬による「人間形成」、つまり「徳」と「善」を空ずる境地に達せられ、自分の命と引き換えに「遺言」を「新しい命」として残された。私は、『五輪書』をこのように「遺言」として解釈いたしました。この精神が、現代の剣道において、「剣道形」として残っているものと、私は思います。

西大寺の剣友の皆様は、相変わらずお元気のことと存じます。皆様によろしくお伝えくださいませ。

（平成二十一年五月十九日記）

(7)亀井一雄先生講義録

石原忠美先生、その後、先生におかれましてはいかがお過ごしでありましょうか。梅も過ぎ、桜も散って、いよいよ藤の季節か菖蒲の季節を迎えておられるものと推察いたします。西大寺の諸先生方、相も変わらず、ご精武のことと存じます。

五月の京都大会が過ぎると、なぜか、時の過ぎるのも急に速くなり、石原先生にお会いして、喫茶店で語ったことなどが、想い出として懐かしく感じられるこの頃です。

昨日の日曜日の朝稽古の折に、神奈川で稽古をしておられた剣友の佐竹氏が、師匠の亀井一雄先生の講義資料です、と言って、いただいた資料を見ますと、石原先生の『活人剣・殺人剣と人間形成』からの抜粋が主なる内容で、嬉しくなり、思わず筆を執りました。題は「範士九段・石原忠美先生　剣道講話集より」とあり、石原先生の文章より忠実に引用されて、その解説をされたようであります。いずれにしても、石原先生の剣道の極意を亀井先生が門弟に解説されておられることに深く感銘いたしました。このように、石原先生の剣道理論は、あの著書を通してのみならず、普段のご指導を通して、多くに方々に影響を与えておられるものと推察いたします。

そこのところを調べてみますと、①の所は、「基本」に関するところです。

〈むしろ自分勝手にやったほうがいい場合が試合には多い。だから、なかには基本をやったら勝負には勝てないというような先生も現れて来るんです。そうじゃないんです。武道を考えたら、そうじゃない。基本が絶対大事なんです。

それで、この場合に大切なことをもういっぺん言いますが、一つはですね、まず攻め勝つ。これが一つ。二つ目は、隙は、相手の隙は一瞬です。いま、いまという「い」では早すぎる、「ま」では遅すぎる。「い」と「ま」のあいだが隙なんです。だから、目で見て打ったんでは遅いんです。〉68

亀井先生は、石原先生の「武道」という思想が「基本」にあることを正確に理解され、賛同されて、ここのところを引用されているものと思われます。この「い」と「ま」の間というのは、正しく石原先生の言われる「瞬間善処」という思想にも通じるものである、と理解されます。いずれにしても、「攻め勝つ」ということが前提になければならないことは明らかです。

②のところは、「集中力」に関するところです。

〈見事な集中力で感動させる剣道。これは相手と観衆を感動させる。集中力で感動させるとは何か。見事な有効打突と基本でそれを示すことであります。

二番目は、切れ目のない先の気迫。三番目は、無心の攻め。これは大事なところですからあとで詳しく説明します。四番目は、崩れのない剣道。それは構えと心の崩れです。五番目は、反則のない剣道。こういうことになると思います。〉69

「集中力」と「気迫」と「攻め」と「崩れのない剣道」、それに「反則のない剣道」、これらの五つが「一つ」になって、はじめて「有効打突」になる、ということでありましょう。

③のところは「感動」に関するところです。

〈ところが美しいだけでは駄目なんです。花でも美しいだけでは駄目でしょう。花のいいのはいい香りがありましょう。それが品位です。そうすると、有効打突のええ技が出ると同時に品があるか、においのいい匂いがあるか、そういうところで審査員が見て感動するんです。〉70

なかなか「品位」とか「香り」となりますと、普段の稽古のなかでそれを養うことは難しいところでありますが、その位のある人の稽古を見て、真似をする、これが大切でないかと思われます。もう一つ、石原先生が言われるところの「剣道形」における「基本技の原形」、これが、「技」として表現されねばならないし、同時に「良い音」がするような技が出なければならない、ということになるのでしょう。やはり「一人稽古」の大切さでありましょうか。

④のところは、「初動を攻め殺す」ところと関係し、「心の攻め」につながるところであります。

〈相手が打ってくる場合、打ちの初動を攻め殺す、その攻めがある。それはあとから話をします。

この攻めは見ていただければ皆さんがやっておられることだからわかると思いますから、それは抜きにして、見えないところの効かないところで動心とあります。これはね、どういうことかというたら、攻めの時に攻めはやっておるんです。ところがびくびくびくしながら、攻めをやる。これは効かない。迷うたり、恐れが出る攻め、攻めたり守ったりする攻めは効かない。ずーっと攻め続けなければいけないということです。

それから開き足ということが右側にありましょう。左右の開き足、こういう癖がある人がいます。開き足の癖がある人の攻めは効かない。〉[71]

なかなか「攻め続ける」ことは至難の業で、普通は「攻めたり守ったり」してしまうものです。「びくびくしながらの攻め」を戒めておられるように、結局は、「心の迷い」があるからでありましょう。このように「心の攻め」を大切にすることが肝要である。攻めの構えとは、「心の構え」のことである、ということになるのでしょう。

⑤のところは、「剣道の礼」に関するところであります。

〈剣道は礼に始まって礼に終わるのだが、ここに原点があるんです。稽古で相手に打たれた、教えてもらった、その感謝、感激が原点なんです。〉72

ここで肝要なところは、「礼がなかったら剣道は上達しない。礼は求めるものじゃないんです。自然に頭が下がるところなんです」というところでありましょう。

⑥のところは、「攻め打ち」に関するところで、「心・気」を別々に使う方法についてであります。

〈さて、次は攻めの時、心気、別々に使う。難しいところですから、攻めのところ、打つところ、打ったあと、この三つに分けて説明します。

攻めの時には気をつかうんです。心から命令をした気を前に出す。剣先から前に出す。心は身体の中に置いておくんです。

打つ時には心も気も、技も使う。打ったらすぐ、心は身体へ戻す。気は前に出しておく。こう使うんです。なぜか、なぜそんなことをするか、二つある。そのひとつは、心が前に出とったら、心の鏡に相手の隙が映らない。わかりましょう。それがひとつ。心が前に出とったら、一瞬の隙を打つのに遅れるんです。（中略）

そこで大事なことがひとつある。水に流した心がちょっと動いとったら見えないんです。心にさざ波が立っとったら、心の鏡に相手の隙が映らない。心は平静でないといけません。平常心といってもよいと思う。（中略）

先ほど述べた攻めの時は気を前に出して気を使い、剣先から前に出していくが、心は動かさずに冷静に身体の中に残しておく。打つ時は心も気も技もすべて使う。打ったらすぐ心は身体へ戻す。こういうことです。大変難しいことなのだが、私にとって、これは現実的、具体的なことなんです。〉[73]

ここのところが最も難しいところで、最も工夫をしなければならないところですが、亀井先生がどのように説明されたかわかりませんが、最終的には、自分で創意工夫して、自得しなければならないところであると思います。なぜなら、「心」も「気」も「魂」に関するところであるので、武蔵のいわれる「心のこころ」というものがどんな「心」であるのか、「底の心」というものがどんな「心」なのか、稽古の中で確かめる必要があります。いずれにしても、「心」のなかにもいろいろな心があるようで、そこのところを自分のものにしないと、石原先生が言っていることは理解できません。

⑦のところは、石原先生の著書の中で最も重要なところで、極意中の極意と思っているのですが、亀井先生も「傘の切先」[74]の部分を第一に引用され、第二に「浮木流木」[75]の思想を引用され、三番目に「緩急強弱」[76]、四番目に「瞬間善処」[77]、五番目に「対立と調和」[78]の思想を引用されております。

⑧のところは、心無罣礙《しんむけいげ》についてでありますが、亀井先生は、次の部分を引用されております。

〈心《こころ》に罣礙《けいげ》無《な》しということ。……これは般若心経の中ほどにある言葉で「心に罣礙《けいげ》無し」ということです。罣礙《けいげ》とは、さわりということ、つまり心にひっかかるもの、邪魔するもの、迷い、恐れ、不安がないということであります。人間はこだわり、とらわれ、かたよりを持っておるけれども、これを離れることができればずいぶん楽になれる。剣道の無心に通ずるところであります。

仏教では民衆の不安を取り除き、安心立命させること。剣道では四戒と迷いを去り、無心を悟らせることです。この点、宗教と剣道は同じだといえるのであります。〉[79]

確かに、剣道と宗教は似ているところがありますが、その求め方が違うと思うのです。「修行」としての方法は、剣道のほうが宗教の修行の方法を借りて求めたわけで、当然、両者とも似てはおりますが、剣道のほうは、剣の理合の修錬による「人間形成」であるので、その求めるものは、最終的には「徳」に至り、「善」に至るという点では同じであっても、その途中においては同じでないことは明らかであります。したがって、その相違点、類似点を知るためには、武蔵の『五輪書』や沢庵の『不動智神妙録』などの著書を読みながら、人の道、剣の道に通じるような、正しい心、正しい剣道を求めていかなければならないでしょう。いずれにしても、その道は平坦ではありません。

亀井先生が講義の資料として石原先生の著書を引用されて講義されたことを知り、小生は、大変嬉しく思い、小生の感想を付け加えながら報告させていただきました。どうぞ、ご一読ください。

（平成二十一年五月二十五日記）

68　石原忠美『活人剣・殺人剣と人間形成』P22
69　前掲書　P26
70　前掲書　P30
71　前掲書　P41
72　前掲書　P67
73　前掲書　P75
74　前掲書　P81
75　前掲書　P81
76　前掲書　P82
77　前掲書　P82
78　前掲書　P83
79　前掲書　P84

⑻西善延範士九段からいただいた「長井長正範士の遺稿」（平成十二年十一月六日）

十年ほど前、西先生からいただいた宝物が、私の無知が原因で書斎の片隅に眠っておりました。西先生には、長井先生の道場に於いてはもちろんのこと、京都大会の朝稽古に於いても、京都大学の道場に於いても、大阪の清風高校の朝稽古に於いても、何度も稽古をいただきました。そのようなある日のこと、西先生から送っていただいた宝物を、その価値も判らず、書斎の片隅に置いたままにしてあったのは、すべて私の無知からであると、反省しております。

今、長井先生の遺稿を読んで見ますと、現在の剣道界に於いても、長井先生の剣道理念は、今なお光り輝く魂と精神を持った思想に満ち満ちているものであるので、それを私一人の宝物にしておくには、もったいない、と思われるのです。私の持っている「一刀流おぼえがき」という遺稿は、百頁にも及ぶ分厚い原稿用紙に、ぎっしり書かれたものであるので、それを全部載せるわけにはいかないので、紙面の許す範囲内で、抜粋をしてまとめさせていただきました。ご無礼をご容赦ください。

一刀流おぼえがき〈長井長正先生遺稿（抜粋）〉

i　まえがき

剣道は練習ではない。稽古である。ただ練習すればよいと考えているのは誤りである。即ち、剣道を習慣的にやっているだけで、何等理論がない。世の中に理論のないものはない。今までには、剣道に教えがない。ただ漠然として、しっかりやれ、と言うだけだった。今は、そんな時代と違うことに目覚めなければならない。

ii　位について

位どりは、立ち合って、初めから優劣を決する要件である。位は、作為的の付け焼刃で、とってつけ得る者でなく、その人に備わった気品で有り、人格の表れである。剣を学ぶ者は、先ず第一に、人格を高潔に養い、これより発露する剣の位を高める事を心がけねばならない。剣は人格の発露であるから、常に格調高い位を志して、自ら琢磨すべきである。以上。

（昭和五十九年五月十八日記）

iii　剣道の基本は形である

剣道の基本は形である。その形には、礼儀作法、気と間、呼吸、不動心、理にかなった打、刃筋、手の内、残心等、数々の学ぶものあり、この形によって胆力を養い、心の位われ上位に有り、と言う心境になる迄、形を体得しなければならぬ。形を体得せば、竹刀剣道で思わず（自然に）形通り技が出るものである。ここから出た無心の技は尊い。剣道の稽古をただ練習と心得て、形をおろそかにしている。練習する前に、先ず、学ぶと言うことを考えねばならぬ。例えば習字で言うと、いつまでたっても同じ字を書くことばかり考えている。そうではなしに、一つの字が出来上がれば、また次の字を覚えてゆく、でなければならない。剣道で言うと、相手が代わっても、相変わらず自分の調子（習慣）で打っている。これは練習であって、稽古ではない。先師（古《いにしえ》）の教えを守って考察（稽《かんがえる》）し、錬り鍛えてゆくのである。

iv 心の鍛錬した者

心の鍛錬した者（形を鍛錬し、その理合を体得した者）は構えが正しい。正しい構えから正しい技が出る。その心はどこで養うかと言うと、それは形である。その形は、古流の形がよい。私は、小野派一刀流をやっているが、いずれの形も、昔は命をかけて創りだされたものので、理論が整然としている。形を重視した剣道は、無限の上達ありと信ずる。自分だけの調子の力の剣道は、長続きしない。

（昭和五十九年六月一日記）

v 不動心について

剣道を修業する心構えとしての中に、大切なことは「風吹けど山は動かず」の如く、相手のどんな変化のわざに対しても、動じない不動心を養い、心の余裕を持つことにある。この精神の動揺を如何になくすか、これを剣道のわざで鍛えて無くしてゆくのである。例えば、相手が甲手に色を見せて面を打ってくる、そのわざが虚か実かの判断力を養う。是が剣道の修業である。この修業の竹刀剣道の原点が古流の形である。この古流の形を、不断の稽古修業に励み、体得せば、打とうとか打たれまいとか言う心の迷いを滅却することが出来る。即ち、一刀流の切り落としに繋がる。死なばもろ共、一発勝負、相打ちの精神で修業せば、必ずや、不動心を養い得るものと信ずる。形を体得した竹刀剣道は、老いてますます冴え、上達疑いなし。これに反して、自分の習慣だけで力とスピードにたよった剣道は、限度があり、年老いて退化する。剣道は、練習ではなく、稽古するものである。

（昭和五十九年七月十七日記）

vi　刀と刃とは違うということ

刀が鞘の中に納まっている、その鞘ぐち全体を刀という。刀を抜けば、刃となり、刀となり、剣の威力となって、斬る観念が生まれる。「抜けば玉散る氷の刃」となる。即ち、剣道は、あくまで刀を抜いて、互いに生死をかけて修業する道である。

古歌に「焼き太刀を鞘に納めて丈夫の心ますます長閑なりけり」とある。鍛錬した太刀を抜いて争わないで、鞘に納めて、和をもって円満に解決するますらをの心境は、ますますのどかである、という意味で、これが刀の道（刀道）である。剣道は、刀道では無く、あくまで抜き合わした剣の中に、死中に活を求める人間本来の道を求める修業である。従って、しないは刀でなく、剣であり、斬れる刃である限り、今の剣道のように、生死の間合で攻め合いしたり、叩き合いしたりするのは、本筋の剣道ではなく、竹刀競技である。このように、剣という意味が非常に深い。剣客、剣士、剣法、剣先、剣術、撃剣、剣舞、真剣、剣幕（えらいけんまく……）、剣を売り牛を買う（戦争を止め、農業に転ず＝漢書）のように、剣をつかったこれらの名詞には、夫々深い精神が含まれているのである。

註：刀の下緒はなぜ片一方を長くしておかなければならないか？　それは、いざという時、すばやく長い方を引っぱって、襷にかけるため。武士の心得なり。

（昭和五十九年八月四日記）

vii　剣道は心身の鍛錬

○剣道は心身の鍛錬と言うが、精神的な問題が、肉体的に如何に及ぼすかをはっきり知らなければならない。心に感謝報恩の念があれば、肉体のあらゆる所に至るまで、こだわりがない。こだわりが無ければ、体が柔軟になる。怒ると、血液が沸き、血管を圧迫して、血液の循環をさまたげる。そうすれば、肉体が堅くなり、運動をさまたげ、筋肉の発達を阻害する。故に、剣道の稽古の時は、敢斗精神の中にも、喜びのある感謝の気持が、剣先に表れなくてはならない。然も、自己の最高の道徳を竹刀に表現していくのである。

○「参りました」と言うことは、自分の隙（欠点）を打突によって教えてくれたことに対して言う人間最高の表現である。「神仏に参る」から来た言葉である。

○敢斗精神と敵愾心（勇敢に斗うと敵と斗う心）をはき違えてはいけない。剣道は、命をかけて修養するもので、ここに真剣味が有り、敢斗精神が生まれる。敵愾心を抱いて叩き合いするのは剣道ではない。

○刃筋を立てると言うことは、人間としての律儀（人として当然なすべき定め、きまりの道）を立てると言うことである。

○人間は正しいだけでは何もならない。正しさの中に人間の奥ゆかしさが出来、人間自体、ワビとかサビとかが出来なければならない。言うに言われない、他から見て、どこか何か感じさすものがなければならない。例えば、刀剣の美術品として言うに言われないニエとかあるように、人間の奥底に幅と深みがなければならない。それを剣道によって養うのである。

（昭和五十九年九月十四日記）

viii　剣道は殺人剣であってはならない

○剣道は殺人剣であってはならない。活人剣にするには、自分自身を生かさなければならない。殺人剣・活人剣は、自分自身の行ないに在り、活人剣は人生を生かした世相であるから、剣道は、日常生活に役立つものでなくてはならない。

○剣道の修業に当って大切なことは、自然を中心に考える。自然には無理がない。従って、剣道も、足の爪先から手の指先まで、自然であること。無理がなければ、あらゆるものに通ずる。そこで始めて静中の動、動中の静あり、と言うことが出来る。

磐石の精神と言うだけでは、まだまだ不十分で、進歩がない。このような剣道は、こちこちになって堅く、心に余裕がないからである。「受けて立つ」でなければならない。必死では、それ以上のものが出ない。強い人に勝とうとすると、無理（理に叶ってない技）が出て、不自然（自然体でない）である。上の人にかかるには、自分の力だけしか出せないものである。

剣道は、剣を通じて、立派な心と肉体を作る一つの修養期間と心得、常に正しい剣道に精進し、人類愛に目覚めなければならない。

○アメリカの剣道は無理がなく、素直である。これは、精神に我がないからである。即ち、日本の先生方に指導して頂くと言う気持があるからである。この我のない素直な気持をもって修行すれば、他を抜いて上達疑いなし。人の話は、素直に聴くことである。

○剣道→命をかけての修養
　禅→仏からわり出した修養
従って、剣道は、禅の上でなければならない。剣禅一如と言う言葉は、尊重して言った言葉である。
　戦後の剣道は悟りを考えていない。剣道を修業する者が、禅を批評する立場まで昇華しなければ真の剣道とは言いがたい。これは、生涯通じて至難のことと思うが、余に言う「好きこそものの上手なれ」のように、不断の精進によって、一歩でもそこの境地に近づきたいものである。

（昭和五十九年十月五日記）

ix　剣道は芸術である

○剣道は芸術であると言うこと。芸術は美を表現する活動であり、永久に生命を保っている。然して、芸術は天地の総合したものであり、陰と陽との二つから成っている。故に、この陰と陽との二つの調子が狂うと、芸術とは言われない。剣道が世相に合致したものである以上、剣道も亦、芸術につながらなくてはならない。従って、剣道の姿勢、打ちの態度等すべてが、相手に対し美の表現でなければならない。打ちには、美が最大のものであり、技の表現の仕方が美につながって行かなければならない。即ち、剣道は芸術であると言う所以はここにある。

○真剣と言う言葉をよく使うが、これは、そのものに一貫して無駄なくやるということで、例えば、六分の力で打てるものを十分の力で打つ必要はない。必要に応じた力をつかうのである。この力の入れ方により、美しさが現れてくる。我々の日常会話においても、その時その時によって言葉の表現が違うように、剣道も亦、あらゆるものに表現の仕方が違うのである。

昔は先の技は六分でとれと言った。（左記は打突の度合）

1、面↓六分（先の面は六分一本あり）
2、甲手↓八分
3、突↓九分
4、胴↓十分（十分に打たねば斬れない）（昭和五十九年十月二十八日記）

x　剣道は精神の発露

○剣道は精神の発露から考えなければならない。ややもすると、気を抜いた近間での叩き合い技術の末に走り易い。これでは剣道とは言えない。競技本位なら近間で当て合いしても良いが、そうではない。剣道と言う限り、先ず、心得なければならないのは、気合が大切であると言うことである。

気合とは、心と肉体の合一したものを言う。例えば、幼児がプールにはまりかけた時、危ない！　と思った時、また、自転車で角を曲がる出会いがしらに人が来た時、危ない！　と思った時など「ハッ」とする。これが気合である。

掛け声は、気合に似ているが少し違う。即ち、掛け声は、心と肉体（気合）と技の三つが合一したものである。

さて、そこで構えた時は、下腹にうんと、力を入れて一杯の掛け声を出す。そうすると、無我の境に入る。そこから勇気が生まれ、集中力が備わる。気合が一杯に入っているから、邪念が無くなり、充満した気剣体の打ちが出る。こうでなければ剣道とは言えないのである。

○掛け声の出し方について

構えた時は、下腹から出す

甲手を打つ時は、咽喉から出す

面を打つ時は、上腹（水月＝みぞおち）から出す
突きを突く時は、下腹から出す
胴を打つ時は、腹一杯から出す

このように技の変化により力の入れ方も変ってくる。一体、剣道は、簡単に心身の鍛錬と言うが、心がどの技の時に、どの肉体の部分を鍛錬するのか、はっきりと知らなければならない。そこでもう少し分解して言うと、構えた時は下腹、打ち間に入る時は中腹（すっと息を吸って入れば、下腹の力が中腹に移り、肉体が全体にやわらかくなり、無理のない自然体になる）、甲手を打つ時は、咽喉から吐き息で「コテ」と掛け声を出して打つ。面を打つ時は、上腹（水月＝みぞおち）から「メン」と掛け声を出して打つ。例えば、甲手を打ち、ひるんだ隙に面を打つ時の掛け声と肉体の力の入れ方の変化を考えてもらえば判る筈である。このように、心と肉体のつながりを研究解明しなければ、心身の鍛錬にならないのである。（その他、足腰や腕、また、その末端の指等の働き、力の入れどころなどは後述する）それを知らず、どの技でも下腹からばかり掛け声をかけて打つと、肉体のバランス上、両肩に力が入り、右腕も堅くなり、無駄な力が入る為、呼吸が乱れ、長続きしないのである。このような剣道は、ある程度強くなるであろうが、それ以上は伸びないし、変に固まる。それに反し、精神の発露からくる鍛錬は、無限であり、年老いて益々上達疑いなし。

註：下腹の力を抜いて、水月でメンを打つと、腰がひけると思う人があるが、決してそうではない。面を打つ瞬間、心―気（水月）で打っているから、足腰が自然に伴い、腰が入っているものである。よく研究体験してもらいたい。

（昭和五十九年十一月五日記）

xi　剣道の理想境は大自然に溶け込んだもの

私の竹馬の友である興生産業の社長（現在会長）・巽義郎君が、昭和四十七年三月、会社の横に「やまびこ会館」なるものを創立して、社員だけでなく、広く地域の皆さんに開放して、詩吟、書道、生花、小唄、うたい等のお稽古事を始め、研究会や談合の場を作り、また一階には、誰でも利用できる落ち着いた喫茶室等を設け、地域社会に溶け込んだ会館を発足した機会に、私は、巽君が会館の名前を「やまびこ」とつけた真意を悟り、心から絶大なる敬意を表し、私共剣道家の大いに学ぶべき所たと、その機会に書き記したものを、次に書き留めておきたい。

「やまびこ」は山の精霊、こだまであり、万物の根源をなすと考えられる気・物の霊である。こだまは、木の霊と書き、樹木の精霊である。やまびこは、即ち反響である。国鉄のこだま、ひかりのように、単なる速さを取り上げるだけではなく、こだまは、私共人間の遠く及ばない樹木の精霊であり、神がかった人間の理想境にある精神的なもので、人間の極致である。生死を超越した人格完成につながる最高のものと解釈する。自然は美しい。然も厳然として万物の道理に寸分たがわず叶っている。自然には無理がない。万物すべて大気自然の中に含まれている。宇宙天地の大自然は、威大にして、無限の愛によって私共を包含していてくれる。若し私共人間が大自然に対する感謝報恩の念を忘れ、これに逆らうならば、自然の驚異によって、その非なる所を思い知らされるであろう。人間は、この大自然の恩恵を蒙って、すくすくと育ち、偉大なる愛情のふところに包まれ、自然に溶け込み、無理なく天地自然の道理に叶った生活をするのが人間の道であると考える。

さすれば自然とは何なのであろうか。辞典には、人間の力を加えない物事、そのままの状態、なりゆき、とある。如何に文明の世の中になっても、人間の力によって自然は造れない。何故なら、自然こそ人間最高の道徳であり、大宇宙、大自然創造の神のなせるわざであるからである。私共は、人間わざで不可能な艱難の極致に達した時、神だのみをし、神仏の加護を信じ、詣でるのである。自然はこのようにして宇宙の存在する限り、愛をもって、人類は勿論、あらゆる生物を育んでくれているのである。

さて、万物の霊長たる人間の値打ちは一体どこから出てくるのであろうか。それは愛である。己を愛し、家庭を愛し、隣人社会を愛し、やがては、日本民族の愛に目覚めてゆくのが人間としての道である、と考えている。これがため、先ず、しっかりと己を見つめ、己を見失わず、真の己を知ることである。己を知り、愛し、守ることに目覚めて、始めて人を愛することが出来るのである。こうして、「こだま」のように、広く、広く響きわたるように、広く人類愛に目覚めるべく修養するのが人間としての道である。道とは、人間が目的地に到達するために、どうしても歩まねばならぬ正道であり、凡そ、道とつくものの一切、夫々歩む道は違っても、行く到達点はただ一つである。この到達の極点は誠である。誠は真事であり、偽り飾らぬ情であり、人に対して親切にして欺かない誠意である。「誠は天の道なり、これを誠にするは人の道也」と、この誠を実行するのが人間の道なのである。

剣道も亦然り、互いに抜き合わした剣の中に、天地自然の理法に叶った修錬によって、誠の人間を作りあげる道である、と省みる時、巽会長の名づけた「やまびこ会館」を、つくづく深遠にして、思慮の深い名称であることを思い知らされ、私共の剣道の修業も大宇宙の真理を包含した自然に帰るべく、あくなき精進を続けたい。

（昭和六十年二月一日記）

xii　誠は天の道

○誠は天の道。大自然の現象は何一つ考えても、一つも間違いがない。それが「誠は天の道」である。故に、この大自然のすべてが我々の教訓になる。日本の言葉の「マコト」とは「真事」であり、本当の事柄で、いつわりの事柄ではない。「真事」というものである限り、本物でなければならない。即ち、「まこと」の一つの要素は、「ほんもの」ということ。又、

「まこと」である限り、今日、明日と変わってはいけない。万古不変でなければならない。この「ほんもの」が、いつも変わらない万古不変ということが「誠」の要素であると思う。剣道も亦、本物でなければならない。

○これを誠にするは人の道。誠は又、「真言」、本当の言葉という意味も含み、うそを言わないのが、誠の第一歩である。中国の古い言葉に、「忠」と「信」とがある。これも「誠」である。これがちょうど今日の誠《せい》という言葉に当たる誠である。「忠」は中の心、人間の本当の中に心である。我々は、中に心でないことも、心ならずいうことがある。そうではない。本当の中の心であれば、それは本物。又、「忠」という字は、口と心、それを竪の棒「|」で貫いたものである、という説明もある。口でいうのと心とが一貫したもの、即ち、言行一致が「忠」である。

○「信」と言うのは、人間の言葉である。元来人間の言葉は正しくあるべきものだということになっている。この二つの「忠」と「信」から考えてみても、誠に入るためには、先ず、うそ、を言わない。人を欺かないということが、だんだん深く入ってくると、今度は人を欺かぬ、ではない、己を欺かない、と言うところに進んでくる。ここまで行かなければ本物でない。人は弁舌や手立てを持って、何とか欺くことは出来ても、己を欺くことは出来ないのである。己が、稽古中の心とわざをよく反省しなければならない。自分の剣道が本物であるか、どうかを。

○誠の力。もしこの誠を体得することができたら、非常に大きな力となり、天地間に、これ以上の力というものは、恐らく無いと思う。「至誠は神の如し」と。本当の誠は神様のようなものである。我々が一番手っとり早く感ずることは、母親の愛である。これは、誰が考えても誠である。いざという時、わが子のため、人間わざでは考えられない力を出す。「至誠にして動かざるものあらず」と言うことは、どんな場合でも本当であろうと考える。こう考えてくると、天の誠と人間の誠は別々の物ではなく、同じものである。故に、人間は、自然の誠（真事）を自分の調子でこわしていくのではなく、自然の誠を保存し、生かしていくようにするのが人間の道である。そして、その道を修めていくのが「教え」である。中庸に「天の命、これを性という。性に従う、これを道という。道を修める、これを教えという」と言ってあるが、まさにその通りである。要するに、天の誠、人の誠ということの一番の中身は、物を成長させる物の生命を完全に発達させるということである。人間は、生まれながらにして持っている本来のものをいかし、育てるのが最大の目的であり、天から授かったそういう本質的なもの（性）はあるのだが、一方に又、生存するために必要なものがある。これを儒教の方では「気」と言っている。耳、目、口、腹の欲望、男女の欲望、喜怒哀楽の感情といったようなものがある。これらの「気」が「性」と一緒にあり、生存のためには無くてはならないものではあるが、欲望というものは、次々に大きくなるものである。こうなっては、「誠」は、もうどこかにいってしまいがちである。それで、生きてゆく為の欲望をとめる必要はないけれども、方向を間違えないようにし、反省に反省を重ねて「誠」を実行してゆくのが人間の道である。云々…

諸橋先生は、さらにこれを具体的に深く説いておられるが、ここで一応区切りとして省略させていただくとして、以上のように「誠」は、剣道の最高の「誠」を竹刀の上に表現していかなければならない。敢えて言うならば、最初向き合った正眼の構えに最高の正しさ、道徳を相手に表現し、攻防打突の竹刀の上に、己の「誠」を表現し合い、修業していくのが剣の道であり、人間の道である。ここに、稽古中の大切は礼儀が生まれるのである。これが、本物の剣道の道ではなかろうか。

(昭和六十年二月十八日記)

xiii　間合について

○間合について。しない競技は間合がいらぬ。競技本位なら、間に入って当て合いすればよいが、剣道という限り、攻めの間合から如何にして打ち間(生死の間)に入るかが剣道の大切なところである。それを生死の間合の中で平然として攻め合いとして、何とか打ってやろうとか、ひょっとして打たれやせぬかと、心の中で迷いながら、打ち合いしている。本人は気一杯で打ち合いしていると思っているが、そうではない。既に、気が抜け、心ばかり動き、迷いながら打ち合いしているだけで、ちょうど気の抜けたビールのように、幾ら飲んでも本来の味（冴えた技）が出ない。剣道は、打とう打たれまいと思うわがこころを切り落とし、千変万化の相手の技に対して決して迷わず、相手の打ちに思わず応じて勝つ技を修業するのが剣道本来の目的である。そこで、生死の間合に入った瞬間、心に少しでも迷いが出たら、あとへ引いて、間合をとればいい。相手に攻められて、後へさがった時は、必ず息を吸って剣先が浮いて相手の中心からそれているものである。一刀流の「鍔割」を体得せば、引くは前に出る為の技で、剣先は中心から離れていない。ここで少し「鍔割」を説明しておきたい。これは、一刀流のあざやかな手繰り打ちの一手で、相手から必殺の精神で打ち込んでくるのを、われは剣先を相手ののど元につけたまま、一歩引くが、心は少しも引かず、相手の打ちおろす太刀先とに、わが心の網を引っかけて、手前に手繰り込むので、相手の剣先は、わが鍔をかすめる程合い深く入ってはずれ、空を打って剣先が落ちる。われは、これを眼下に引きずり、腹中に飲み込んで、我は正眼の構えを厳しく保ちながら、相手ののどを突き勝つのである。

xiv　隙と切り落としについて

隙は相手が作るものである。こちらからしかけて相手に隙を作らせ、そこを打つのは悪いとは言わないが、まだまだ序の口である。あくまで「気と間」で攻めて、相手の隙に思わず打って出る。こうでなければならない。吉田誠宏先生は、「相手の隙に誘われて、思わず、そこへ出た」、これが最高と言われた。誠に味わうべきお言葉である。一体「隙」というものは、打ってゆく時に隙ができるものである。その隙を思わず打つ、これが本物である。故に、同格同士で、先に打って出た者は、負けである。例えば、大事な試合で、うかうかと自分の調子で、先に打ってゆくか、を考えていただきたい。と言って、相手の打ってくるのを待っているのではない。あくまで先に攻めるのである。古流では、先に攻めて相手をおびきよせ、先に打ってくるその先を打つのが、先々の先、と教えてある。このところ、前述の間合のところをよく吟味して理解していただきたい。外観から見れば相打ちの形になっているが、精神内容は、一刀流の切り落とし「一つ勝」の妙味がここにある。相手が攻めて来た時、打たれまいと心に思い受け身になると、かえって相手に隙を与え、あたかもここを打ってくださいと、小手でも面でも相手に持っていくようなもので、瞬間的に相手に悟られ、そこを打たれるのである。これをもう少し具体的に説明する為、笹森先生の『一刀流極意』からお借りして申し上げたい。

○切落としは、相手の太刀を一度打落してから相手を斬るという二段階の技ではなく、相手から切りかかる太刀の起こりを見抜いて、少しもそれにこだわらず、己からも進んで打ち出すので、姿においては、一拍子の勝ちとなるのである。即ち、己が打ち込む一つの技により、相手の太刀を切落とし、外して、己を守り乍、その一拍子の勢いで、そのまま相手を真二つに斬るという一をもって二の働きをなすのである。正しく打つことが、同時に相手の太刀をはずすことになり、同時に相手を切るという一をもって二の働きをするから、必ず勝つのである。若しも、はずしてから改めて打ち、受けてから改めて打ったのでは、一をもって一に、二をもって二に応ずることになり、勝敗の数は双方に分かれる。いわんや、二をもって一に応じたら、必ず負ける。このように、一刀流の切落としは、一をもって二の働きをなすところを教えてある。

それでは、相打ちであり乍、相手の太刀を切落として、わが勝ちとなるにはどうしたらよいか、その心得は、まず、わが心をみずから切落さねばならない。わが心を切落とすというのは、死にたくない、打たれたくない、負けたくない等というわが心を切落すことである。例えば相手から、わが面に打ち込んでくるのをみると、その危険を避けようとして退くのは人間の本能ではあるが、その危険を恐れるわが心をまず切落し、よし来いと必死の覚悟と十分な気合とをもってゆくので、始めてわが心の鋭い切っ先は生きて働き、わが勝となるものである。

（昭和六十年三月二十二日記）

XV　昇段審査本番に備えて（要点のみ）

⑴起ち上がった時の心境は、受けて立つ、の気持ちで、心に余裕を持ち、正眼の構えは、己の最高の道徳（誠心のこもった正しさ）を相手に表現する。

⑵気だけでのぞむ

○下腹から気一杯のかけ声を出す。そうすると、勇気が生まれ、集中力が出来、相手がどのようにくるだろうか？　どこを打ってやろうとか受けてやろうとか、迷いの心を切落とすことができる。

○遠山の目付で、剣先で相手の鍔・こぶしを攻め、相手の右こぶしと剣先の動きを見る。

⑶相手の起こりがしらを狙うのみ

先に攻め、相手の先に出て、打ってくるその先を打つ。ハッとしたら死なばもろともと、相打ちの精神でいく。ただそれのみ。この時、始めて打ちに出る。

⑷絶えず迷わぬ攻めの間であること大切。剣道は、生死の間に入るまでの修業が大切。生死

の間に入った時が勝負である。

（昭和六十年四月二十六日記）

Ⅵ 色紙

(1)「直心是道場」

函館の近くに江差という古い町があるのですが、その江差町剣道連盟の会長が出村勝明教士七段であります。八年ほど前のこと、出村先生に誘われて、出村先生の道場・正心館で行なわれた錬成会に参加させていただいた時に、初めて鷹尾敏文範士にお会いいたしました。出村先生の卒業された皇學館大学の教授で、剣道の師匠であると聞いておりました。その時には、札幌の藤井稔範士、熊本の山田博徳範士もご一緒で、それはそれは盛んな稽古会でありました。夕方の稽古のほかに、次の日の朝の稽古もいただき、稽古の内容もとても充実したものであったことを記憶しております。その時に揮毫していただいたのが「直心是道場」でありました。

その時の私は、「直心是道場」の意味すらも分からず、ただ書斎の机の上に無造作に置いていただけなのですが、ある日のこと、小川忠太郎範士の『剣道講話』を読んでいて、初めてその意味の大切さを知るようになりました。

〈「直心是道場」というのは維摩《ゆいま》経というお経の中にある。

昔、光厳童子が毘耶離《びやり》の城門を出て、閑寂の境に修行の道場を求めようとしていたとき、丁度維摩居士が城に入って来るのに出会った。そこで光厳童子が「どこからお帰りになられたの

為　宝塚剣士

直心是道場

平成壬申十月十日
範士九段　敏生

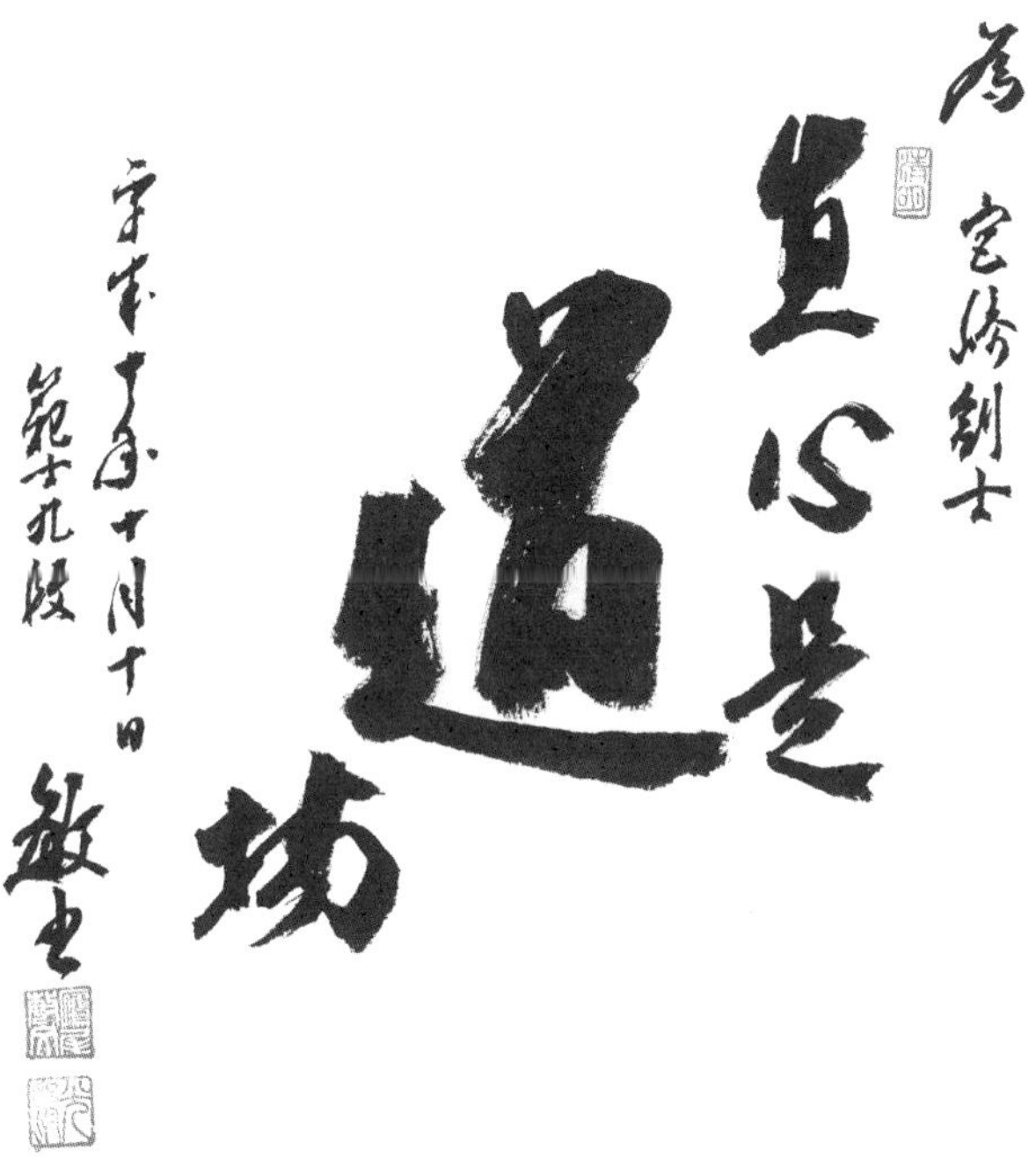

ですか」と尋ねると、居士は「今、道場から帰るところです」とのことだったので、「それは耳よりな話です。実は私は閑寂な道場を探しているのですが、居士が行かれた道場はどこにあるのですか、ぜひ教えて下さい」と言うと、居士は、「道場は外に求むるに及ばぬ。直心是道場、虚仮なきが故に」と喝破されたという。〉80

小川忠太郎先生の説明は、真に分かりやすく、感謝しております。「直心」とは「正しい心」のことでありますから、「正しい心が道場」ということになり、「正しい心」さえ持っておれば、どこでも修行ができる、ということになるのでしょう。小川先生はこのことについて、さらに説明を加えております。

〈直心というのは正直な心、素直な心、誰でも生まれながらにして持っている自然の心、これが道場なのである。〉81

よく「生活即剣道」とか「剣道即生活」と言いますが、私が思うには、「直心」という心が無ければ、剣道を生活化させることも、生活を剣道化させることもできない。ここの所が大切である。ここの所が分かると、「剣道」というのは「心」の中にあることも理解できるし、「正しい剣道」というものがどんな剣道であるのかも理解できるように思われる。島田虎之助の言葉であると言われている、「剣は心なり、心正しからざれば剣また正しからず。剣を学ばんと欲すれば、まずこころを学ぶべし」[82]という思想もまた、「直心」の思想と並んで思い起こされる。「正しい心」というものが「剣道の心」にも通じ、「正しい剣道」にも通じるものであると信じるのだが、時々この「正しい心」のことを忘れることがある。

私は、「正しい心」というのは、剣道で言われる「平常心」のことであると思うことがある。もちろん厳密な意味では、この両者は異なるのであろうが、基本的なところでは「正しい心」が無ければ「平常心」を保つことは不可能である、という意味においてそのように思うことがある。武蔵の言葉を借りるなら、「正しい心」というのは「心のこころ」を表わし、石原忠美先生の言葉を借りるなら「底の心」となるのでありましょうが、いずれにしても、「正しい心」が「心の中心」に据えられていなければ、「平常心」を保つことは不可能であると思われる。それにしても、武蔵が「平常心」を「心を真ん中に置き、心を静かに揺るがせて」置くこと、と戒めていることには頭が下がる。なぜ一介の武士・武蔵がこのような心に気付かれたのだろうか。一つは、「心を真ん中に置く」ということ、もう一つは「心を静かに揺るがせて」、その「揺るぎ」を決して止めずに、保ち続けるということ、これは物凄い定義であると思われるのだ。なぜなら、古代ギリシャの哲学者・プラトンの魂の定義と符合するからであります。プラトンは、「心を真ん中に置く」という表現でなく「魂」の「始原」とか「源泉」[83]という言葉を用い「魂」の中心に「心を動かす力」があること、さらに「絶えず動いて止まない力」が存在していることを指摘している。私は、先ほども言いましたように、一介の武士が、なぜに、プラトンのような偉大な哲学者が提唱する「魂」の定義と同じ定義を「平常心」という思想を用いてすることができたのか、驚異の心で『五輪書』を読んでいる。

十年ほど前に亡くなられた広川正治先生という偉大な先生が、この函館の地におられて、函館の剣道連盟の方々に稽古をつけてくださっていたことがあるのですが、この広川先生という方は、当時の東京高等師範学校の剣道の先生をされたお方で、高野佐三郎先生の高弟であられて、はるばるこの北海道の地に骨を埋められたのかその理由は分かりませんが、私なんかの求めた剣道とは、まったく違う剣風をお持ちの先生で、当時の北海道の大先生も、下から掛からねばならない、風格と品格を備えられたお方でありました。その広川先生が、ある日の錬成会の時の懇親会の席で、武蔵の「平常心」について、このように説明されていたのを記憶しております。

「平常心というのは、普段の静かな心を維持する、という意味ではない。平常心というのは、心が静かに静止している状態ではなく、心のどこかが、絶えず、静かに、ビビッ、ビビッ、と動いている状態である」

広川先生の説明は、やさしく、味があり、そして武蔵の「平常心」を理解されておられて、それを実践されたお方である、と思われるのだ。その剣風たるや、投網をかける漁師のように、手も足も痺れさせる心の攻めを持っておられて、石原範士の言葉を借りるなら、「真の自然体」[84]に当たるもので、相手を心で「痺れさせてしまう」ような剣風であった。石原先生は、そのことを、「剣先から電気を出す。剣先から目に見えん投網《とあみ》を相手にかぶせる」[85]と言っておられる。

「平常心」というものが、かくも大切なもので、その心が「正しい心」のことであり、あるいは、「正しい心」と深く関係のあるものであるならば、剣道に於いて「正しい心」を求めずして何を求めるのか、この問題は、島田虎之助によって指摘されているように、剣道を志す者は、この心に絶えず立ち返りながら、求めていく必要がある。なぜなら「正しい心」は一度傷をつけてしまっては、二度と復元できないものであり、一度、その「正しい心」の炎を消してしまっては、二度と、その炎を燃やすことは不可能である、と思われるからだ。

このように、小川忠太郎先生が言われるように、「直心」というのは「正しい心」のことであり「誰でも生まれながらに持っている自然の心」ではあるのだが、その心を絶えず磨いて、耕して、育てていかなければならない。これが、私が思うには、鷹尾先生が私にくださされた「直心是道場」という色紙の意味であると理解しております。感謝。

80 小川忠太郎『剣道講話』P148
81 前掲書 P148
82 佐藤彦四郎の揮毫による
83 プラトン『パイドン』
84 石原忠美『活人剣・殺人剣と人間形成』P61
85 前掲書 P61

⑵「稽古とは一より習ひ十を知り十よりかへるもとのその一」[86]

水野仁先生がくださったこの千利休の和歌についても、当時の私にはその意味するところを理解できなかった。その意味するところは、剣道においては「練習」とは言わないで「稽古」と言うところにその意味があることは存じているとは思うのだが、それにしても「稽古」という利休の言葉には、長い年月、絶えざる修行、不屈の精神なるものが包含されていることは間違いがない。

私が、水野先生からこの言葉をいただいた時に思い出されたことは、世阿弥の『風姿花伝』[87]のことであった。世阿弥は、その著書の中で、能芸の「精神」について論じられ、「残りし花」としての「真の花」という表現を用いて「芸」についての蘊蓄を傾けられている。このことは、持田先生が「花と薫り」という比喩を用いて剣道の極意を語り、また、石原先生が「品位」について「花と香り」という比喩を用いて語られるときの精神を思い起こす。世阿弥は、しきりに「珍しき花」と「まことの花」とを区別されて、「精神の花」を咲かせるべく「老木《おいき》になるまで」この花を咲かせるように努力せよ、という。

〈これ、まことに得たりし花なるがゆゑに、能は、枝葉《えだは》も少なく、老木《おいき》になるまで、花は散らで残りしなり。〉[88]

沢庵もまた、『不動智神妙録』において、利休や世阿弥が「稽古」について述べた思想と同じことを述べていることを知る。しかしその述べ方は、利休や世阿弥の方法とは違って、「無心・無念」という思想を自得するにはどのようにしたらいいのかという、いわゆる「自然」という道理に近い思想によって論じている。

〈しかし、長い年月の間、稽古を積んでゆくと、どういうふうに身を構えようかとか、刀はどうなどとは少しも思わなくなって、ついには、自然に、何も知らなかった初心の時のように、無心の状態でいられるようになるのです。〉[89]

沢庵のここのところは、武蔵の「平常心」という思想に大きな影響を与えたものと思われるのだが、沢庵はさかんに、「無心」とか「無念」という思想を強調して「稽古」のあり方を説いている。いわゆる、沢庵の「石火の機」とか「間、髪を容れず」という思想も、「水に浮いた瓢箪」の喩えも、皆、「無心・無念」の思想の大切さを説いたものであると思われる。とくに沢庵の「無師の智」という思想は、この「無心・無念」の基本的な思想を表わしたもので、沢庵はこの思想を「根本智」と言っているところは、武蔵の「万理一空」という思想を理解するためには必要なものであると思われる。稽古に稽古を重ねて、その果てに、いつ訪れるかは知らぬが、「自ずから打ち、自ずからあたる」時が来るのでありましょう。このように考えてみると、利休の「稽古」という思想は、日本の伝統的な「稽古」、あるいは「修行」という思想を表わしたもので、これを理解せずに、剣道の「稽古」という思想を理解することは不可能である。感謝。

86 井口海仙『利休百首』P193
87 世阿弥『世阿弥芸術論集』田中裕校注
88 前掲書 P23
89 沢庵宗彭『不動智神妙録』池田諭訳、P36

(3)「離勝」

この色紙は、札幌の藤井稔範士からいただいたものである。意味するところが難しくて、書斎の壁に掛けてはいたものの、疑問だけが残って、理解がともなわないでいたところ、岡山の石原範士からいただいた資料の中に、その答えを発見することができた。何たる幸せでありましょうか。

作家の五木寛之は、〈気の発見〉という本の中に、日本で一番気の研究をされたのは江戸時代だと言っている。江戸時代末期に講武所の頭取であった窪田清音（クボタスガネ）が『剣道集義』に「勝ちを求めての勝は最高の勝ちではない。勝ちを離れて勝つのを〈離勝の位〉と言っている。これが、気で攻め勝った見事な一本で、最高の剣だと思う。江戸時代から明治にかけて剣道は、仏教の影響によって大きく深く完成されてきたと思う」[90]

「勝ちを離れての勝ち」、このような勝ち方があるのだろうか。石原範士はその「勝ち」のことを「気で攻め勝った見事な一本」で、「最高の剣」だと思う、と言っておられる。これはもしかしたら、柳生新陰流の「直立《つったつ》たる身の位」の思想に相当し、「真の自然体」のことであるかもしれない、と想像してみた。石原範士は、この「真の自然体」という思想を「投網を相手にかぶせる」という比喩で説明しておられるが、これは、先ほどの説明によると「気で攻め勝った」勝ち方で、いわゆる「気攻め」による「勝ち」を意味するのではないだろうか、と自分に言い聞かせた。

よく剣道では、「気の練り合い」というが、その「気の練り合い」で勝つか負けるか、勝負はそこにあるのでありましょう。気で負けたら、本当の負け、気で勝ったら、本当の勝ち、となるのでありましょう。試合に於いてばかりでなく、道場の稽古に於いても、気の張った稽古をする、気の抜かない稽古をする、そのような稽古をしなさい、ということなのだ。藤井稔先生は、私の稽古を戒めて、勝ちを離れたところの本当の「勝ち」を求めなさい、と言ってくれたのだ。

私は、「離勝」の思想と「活人剣」の思想とを比較して考えた時に、この二つの思想は剣道に於いて最も大切な根本的な思想を共有していることに気がついた。それは、「人を活かして遣う」というところでないだろうか、と思われるのだ。たとえば、石原範士の「活人剣」の思想を見てみると、「後の先」という理念が基になっていることを知るにつけ、相手の力を利用して勝つのが活人剣であるとしたら、これこそ正しく、「離勝の位」の「勝ち」に相当するものではないだろうか。なぜなら、「後の先」の「勝ち」の思想は、力による「殺人剣」と違って、相手の力を利用するわりだから、当然「気で攻め勝って」いなければ不可能なことである。石原先生は、この「後の先の勝ち」のことを、「対立と調和」の思想で説明され、つまり、相手の力と「対立」するのは半分、残りの半分は「調和」による、というのだから、正しくこの「勝ち方」は、「離勝の位」の「勝ち」に違いない。

もう一つ、「離勝」と並んで藤井先生から教えていただいたことがある。それは、酒を飲んだ席で、「人差し指」を出して、いわゆる中心を取る時の要領というのはこのようにして行なうのだ、と言わんばかりに、私の「人指し指」に触れてくださった。強く押し返すと、駄目、方向が曲がっていても駄目、ちょうど程よい所に来ると、そうだ、いいぞ、と頭を竪に振ってくれるのである。この「人差し指」の教えというのは、なかなかの教えで、いま私は、一刀流の「傘の切先」の極意のことと理解して、この教えを大切にしている。

〈敵がどんなに敏捷に移動しても、わが切先が敵について外れないようになるのには傘の切先の教がある。それはわが切先をば傘を少しばかり開いて敵に向かってさしたようにするのである。これによって敵がどんなに移動した所からかけてくる太刀でもその出る小口を如何様にも捉えることができる。〉[91]

藤井先生の「人差し指」は、一刀流の「傘の切先」を表わし、傘を開く要領で、相手の中心を外す、こちらが中心を取る、その「さじ加減」ということなのだろう。「人差し指」の「さじ加減」が分かると、中心を取ること、敢えて外すことだって、自由自在、となるのだろう。この教えを「離勝の位」の「気の攻め」と平行して用いたならば、稽古にも幅が生まれ、呼吸法に於いても、慌てることはなくなり、体勢も崩れなくなるのではないだろうか。やはり強い人は、また無理のない剣道をする人は、稽古はもちろんのこと、剣の理合を研究され、修錬されているのですね。この教えは、めったに人に教えるものではない、と思われる。感謝。

90　石原忠美『攻めから打ちまでの手順は極意』平成二十年一月十二日、ＮＰＯ法人国際社会人中国地区例会
91　笹森順造『一刀流極意』Ｐ592

(4)「緩急強弱」

縁というのは、まことに不可思議なことで、私が岡山に行って石原忠美先生から日本剣道形の指導を受けることができるとは、神も仏も知らぬことでありました。それが、京都大会の朝稽古で、稽古をいただいたおかげで、岡山まで出かけて行って、形の指導をいただくことができました。何という幸せ者でありましょうか。

そのことがご縁で、「緩急強弱」という四文字を揮毫していただきました。石原先生の説明によると、その四文字は、日本剣道形の解説書から取ったもので、意味するところは、「さじ加減」であるというのです。

私が、この色紙をいただいた時に、真っ先に思い起こしたことは、武蔵の「流水の打」のことでありました。武蔵は、この「打」のことを「ゆっくりと、ゆるやかに、大きく強く打つ」と言っておりますし、正しく「さじ加減」のことであることは、容易に気がつきます。さらに、武蔵は「太刀の持ちよう」のところでも、「太刀にしても、手にしても、固定して自在に動かないことは好ましくない」と言って、「さじ加減」のことを言っておられる。つまり、武蔵の言葉によると、「心持ちで持つ」ということになるのでしょう。「心の持ちよう」にしても、武蔵は、「心が体にひきずられることなく、体が心にひきずられることなく」と言っておられることからして、「心」にも「さじ加減」があるし、「体」にも「さじ加減」

あると言っておられる。結局、「平常心」というのは「心」の「さじ加減」である、と理解することができる。

石原先生は、「さじ加減」の具体的な例として一刀流の「傘の切先」の例を挙げられているので、そのことについて述べてみたい。石原先生の説明は、一刀流の極意に自分流の極意を付け加えたもので、「刀の切っ先」と「鎬」を使う、と言っておられる。つまり、「刀の切っ先」で先を取り、そこを打つ、その時に「鎬」を使うようにすると、「先」の技を自由に使える、ということでありましょう。この境地に来て初めて、なぜ石原先生が「日本剣道形の解説書」から「緩急強弱」という言葉を取られたのか、その理由が理解される。つまり、「刀の切っ先」の極意も、「鎬」の遣い方も、すべて日本剣道形の中に理合としてあるので、練習しなさい、ということなのだ。換言すれば、「刀の切っ先」という極意は「鎬」を上手に使わなくては不可能である、ということになる。それが「さじ加減」という意味なのだ。「構え」にしても、「さじ加減」という思想が当然生きていなければならない。武蔵は「どの構えであっても、構えにとらわれてはいけない」と言っているところからして、「構え」というのは、いわゆる「さじ加減」が自由に効かせることのできる「構え」でなければならない、と言っておられるものと思う。「五つの構え」の中でなぜ武蔵が「中段の構え」を「大将の構え」と言っているのか、その理由は「中段の構え」が自由に、臨機応変に使える「構え」であることになると思われるのだが、武蔵は、その理由ははっきりと言っては言わずに、ただ「構えの極致」とか「大将の構え」と言っているだけである。

私が思うには、「中段の構え」に於いても、その「構え」を、「自由に、臨機応変に」使うためには、さらなる工夫が必要であると思われるのだ。つまり、「中段の構え」にも「さじ加減」がある、ということなのである。たとえば、左手の拳を臍より下に落として構える構え方、左の拳を臍より高くして構える構え方、左の拳を臍の高さに置くか、さらに、その拳を臍よりも、拳一つ前に置くか、拳一つ半のところに置くか、二つ前に置くかは、大問題である。また、右手に力を入れて構えるか、力を抜いて、楽に構えるか、中段の構えにしても、これだけの問題がある。それは、各々の修行の段階で修得しなければならないことでありましょう。いずれにしても、そこのところを自得するための最良の方法は、「剣道形」の練習の中にあることは明らかだ。なぜなら、剣道形には「技の原形」があり、「構えの原形」があり、さらに「心の原形」があると思われるからだ。

中段の構えの中で最も厄介なのは「手の内」でありましょう。武蔵も「手の内」の難しさは心得ていて、そのことを説明しているが、結論として、「敵を斬るときも、手の内は変わらず、手のすくむことのないように」と戒めている。「さじ加減」というのは、かくも難しいものである。私は、今年の京都大会で、石原先生とお茶をいただいた時に、喫茶店で「手の内」のことについてあれこれと質問したが、言葉ではどうしてもわからないので、先生、私の手を握ってみてください、と言って、手を握っていただいたところ、石原先生の手の内には何の力もそこにはなく、ただ、私の手の中に石原先生の温もりが伝わってくるだけでありました。握られた感覚が、まったくないのです。恐らく、足の使い方も、自然で、自由な足使いで、そこには、特別な力が存在しないのではないだろうか。なぜなら、武蔵は「常に歩むが如し」と言っているからである。普段歩く時のように足を使う、恐らく「手の内」も、箸を持つ時のように、自転車に乗ってハンドルを握る時のように、特別な力は必要がない、のでありましょう。

私は、武蔵の「常に歩むが如し」の思想の中に、「心」のありよう、「足使い」のありよう、「手の内」のありよう、の極意が隠されているように思えてならない。先ず、何をするにも「足」が土台であるので、「歩く」ことに注意を払うとするなら、歩いている時に足の使い方に注意をする、その時の「目付」に注意をする、真っ直ぐ前を見ているだろうか。「呼吸法」にしても、歩いている時に「自然呼吸法」の中に「剣道形の呼吸法」を入れて歩いてみる。これこそが、武蔵の「常に歩むが如し」という思想になるのではないでしょうか。

この思想を実践している人が岡山の石原先生である。先生は「剣道を散歩代わりに使っている」という。これは正しく武蔵の「常に歩むが如し」の思想の実践である。

〈呼吸法と足運びは道場だけでは時間が足らないから私は日常に町を歩く時に練習する。剣道の目付けで、目の高さの位置を定め、遠山の目付けで歩く。姿勢は、剣道の姿勢をとって背筋

を伸ばしてすり足で歩く。そうして呼吸は鼻から二歩で吸うて、四歩、あるいは六歩で吐く。〉[92]

石原先生の素晴らしさは、武蔵の剣道理論を、隅々まで研究され、それを現代の剣道に応用されているところである。それも、「心」の問題と、「肉体」の問題とを「一つのもの」として捉えられ、その両方を実践する。その考え方が、先ほどの「剣道を散歩代わりに使う」という思想の中に表われていると思う。

先ほどの武蔵の「常に歩むが如し」という思想は、「心の持ちよう」の「平常心」という「変わらぬ心」と関係があり、これらの思想は、本質的には「一つのもの」として捉えているのが武蔵の思想であり、石原先生の思想である、と考えられる。このことを難しく考えれば、密教の「多即一」という思想に基づいている、と言ってもいいだろうが、もっと身近なところで、「直心是道場」という意味合いから考えてみても、「心」こそが「道場」であるということに気がつけば、「心」即ち「一つ」という思想にたどり着く。私は、石原先生は、武蔵を読み、密教の教えを読んで、さらに、沢庵の教えを読んでの結果として「一つ」という思想を自分なりに編み出したものと推察するのだが、それにしても、「頂点」を極められた人が、九十三歳になられても、今なお、「頂点」は心の中にある、と言わんばかりに、「直心」を求められているその姿には、頭が下がる。剣道は「心」である、と石原先生は言われているのでしょう。

92 石原忠美『活人剣・殺人剣と人間形成』P57

Ⅶ

剣の道は永遠である

能芸の道を永遠の道にしようと懸命の努力をされたのは世阿弥でありましたし、茶道を永遠の道にしようと努力されたのが千利休でありました。剣の道を永遠の道にしようと懸命の努力をされたのが沢庵であり、武蔵であり、柳生であったと信じる。世阿弥にしても、利休にしても、また沢庵にしても、武蔵にしても、柳生にしても、道が永遠であるためには、「心」が大切であり、「精神」が大切であることを説かれました。それでは、どうして「心」が無ければ永遠の道が存在しなくなるのでありましょうか。

世阿弥の『風姿花伝』を読んで知ることは、世阿弥の能芸に対する執念であります。世阿弥は、「時分の花」という「一時の花」と「まことの花」という「永遠の花」とを区別して、終始一貫して「まことの花」を求めることを説いていることを知る。若い時には、「時分の花」を「まことの花」と信じ、名声や地位を得ることに汲々としてしまい、「まことの花」のことを知ることもできずに一生を終わることの儚さを戒めている。

それでは、世阿弥の言われる「まことの花」とは「どのような花」であるのか、世阿弥はその「まことの花」を「真実の花」「残りの花」「秘する花」と言っていることに注目したい。世阿弥の定義から推し量るに、「まことの花」とは、「老木《おいき》になるまで、花は散らで残りしなり」[93]と言い、「老木」になるまで求められて、それでもなお残っている「花」のことを意味していることを知る時に、私は、「まことの花」とは、「心の花」とか「精神の花」を意味し、散ることのない「永遠の花」であることを知るのだ。

沢庵も、「不動智」を「諸仏不動智」と定義していることからして、「不動智」を「心の智恵」とか「永遠の智恵」として提唱していることは明らかで、そのことは「太阿の剣」という喩えを通して知ることができる。

〈太阿の名剣とは、つまり心のことを指しているのです。この心は、人間が生まれ、生きているからあるとか、死ねば消滅してしまうというものではありません。だから本性というのです。〉[94]

ご覧の通り、「心」を指していること、「本性」を指していることは明らかである。私は、この「本性」という意味がわからないので、いろいろ考えたのだが、「人間が生まれ、生きているからあるとか、死ねば生滅してしまう」というものではありません」という沢庵の説明から、この「本性」とは、人間としての能力をはるかに超えたところの「智恵」「心」「魂」「精神」を表わし、それを沢庵は、「不動智」とか「太阿の剣」と言っていることを知るのだ。さらに沢庵は、この「不動智」とか「太阿の剣」を修得するには「根本智《こんぽんち》」[95]なる智恵を修得する必要があり、この「根本智」は「作為のない自然」「極く極く自然」から生まれるものであると説く。

沢庵のここの部分を読むと、なぜ武蔵が「自然の理法」を「剣の理法」と捉えて修行されたかが理解できる。武蔵は、ご存知のとおり、「水之巻」において「心の持ちよう」を研究され、「作為のない自然の心」を自得するために「自然の法則」に従うことを実践されたこと、それが『五輪書』の主題であることは周知の通りでありましょう。

私は、武蔵が沢庵の説く「根本智」を修行せんがために「自然の法則」に従うことと捉えることができたのは、もちろん沢庵の影響が第一であったことは十分に察するに余りがあるところだが、基本的には、密教の「五輪」という思想と、「空」の思想によるところが大きかったのではないかと思われる。「五輪」という思想は、ご存知のように、「地」の法則、「水」の法則、「火」の法則、「風」の法則、そして「空」の法則から成り立っていて、それらの「五つの輪」を「一つに統一」する「円輪」という思想で成り立っていることを知る時に、武蔵は、この密教の「多即一」の法則を、「空」の法則である「万理一空」という思想に収斂されたもの、と思われるのだ。最終的に武蔵がたどり着いた境地は、「自然」とか「自然の法則」とか「大宇宙」と言われるもので、沢庵が言われる「根本智」という、いわゆる「不動智」というのは、先ほども述べたように、「作為のない自然」を表わすものであるとしたら、理論的には沢庵が唱え、実践的には、武蔵がその理論を体現したものと理解することができる。

私が、この結論に達した根拠として、沢庵の「不動智」という思想が「徳」と「善」という、人間として求めることのできる最高の境地を目標として挙げられていること、また、

「絶対的な神」の存在を説いていることである。

〈神というものの全体を考えるのでなく、一つの神、一ヵ所の神に限って拝んだり信じたりしようとするのでは、とても神の道は成立しません。〉[96]

この沢庵の「絶対的な神」という思想は、もちろん宇宙を支配する「神」とか「法則」というもので、この考え方が武蔵の「万理一空」という思想に影響を与えたものと思われる。ところが、「空」という思想を立川武蔵氏の『空の思想史』[97]で精査していくと、「空の思想」には「神の存在は認められていない」[98]というのである。結局は、「神もなく自己も世界もない」[99]境地が「空の思想」である、というのだ。正しくこの「空の思想」とは「否定の思想」以外の何物でもない、と思われる。私は、武蔵の思想が「空の思想」に則っていたのかどうかはわからぬが、少なくとも「石火の機」や「間髪を入れず」の思想を思うときに、そこには「神もなく」「自己もない」境地があることに肯ける。そのように考えると、武蔵の思想は「生きるも死ぬも、すべて自然のまま」、という意味になるのかもしれない。私は、この「すべて自然のまま」という思想が、武蔵の「空」という思想と重なり合っているのではないだろうか、と思えてならない。なぜなら「空の思想」とは、「神を否定し、己を否定する」という「否定作業」によって成り立っているが、その「否定作業」が「その否定の結果として新しい自己がよみがえるという側面」[100]を持っている、ことを知らされるからだ。

〈「空」は宗教実践の中の一点を指すのではなく、実践の中核を形作る自己否定を続行させる原動力であり、それは実践の全工程を裏打ちしている。つまり、「空」は力として常に働いているのである。〉[101]

ここまで来ると、武蔵がなぜ〈空〉という思想を求められたのかがはっきりしてくる。先ほども述べたように、武蔵の〈空〉という思想は、純粋に〈空〉という思想に頼られたのではなく、「自然の法則」としての「地」「水」「火」「風」の思想に頼りながら、さらに、それらの法則を〈空〉ずる、という渾然とした中での〈空〉の理論を〈空〉じたもの、と受け取られる。すなわちそれが、〈万理一空〉という思想であろうと思われるのだ。

そのような思想を武蔵が持つに至ったのは、先にも述べたように、沢庵が『不動智神妙録』に於いて「諸仏不動智」という思想から超えたところに「不動智」という思想を求め、「無作の妙」という「根本智」を求めたことと非常に関係が深いと思われる。

〈初心の頃の無明《むみょう》と煩悩《ぼんのう》、それに修行した果ての不動智《ふどうち》とが一つとなって、無心無念になりきることができるのです。最高の地点に到達すれば、何をするにも手足がひとりでに動いて、そ

のことに少しも心をわずらわせないようになるということです。〉[102]

ここの沢庵の論理は、沢庵の説く「無心無念」の思想を理解するのに役に立つ。なぜなら、彼は、「初心の頃の無明と煩悩、それに修行した果ての不動智とが一つとなって、無心無念になりきる」と、「無心無念」の境地に到達する過程を順序立てて説いているからだ。先ず、「初心の頃の無明と煩悩」があり、次に、「修行した果ての不動智」が来て、それらが「一つ」になり、ようやくにして「無心無念になりきる」ことができる、と言っている。このように考えるなら、「無心無念」という境地は、「最高」のものである、ということになる。『不動智』の中で、沢庵が「無心無念」の思想としての〈理の修行、事の修行〉についてこのように言います。

〈理《り》の修行、事《わざ》の修行ということがあります。
理とは右に申したように、ゆきつく所にいけば、何にもとらわれないということで、無心になる修行をいいます。〉[103]

「理の修行」も「事の修行」も、最終的には「無心になる修行」のことであると、沢庵は言う。

沢庵は、最終的には、「無心になる修行」というのは「正しい心」の中にある、と言って、「善」と「徳」の問題を提示する。

〈千手観音の心が正しく働くなら、千本の手を全部使いこなせるように、そして、あなたの兵術の心が正しく向かうなら、あなたの剣が自由自在、思う通りに働いて、数千人の敵も一刀の下に切り従えることができるのと同じです。これこそ、大いなる忠ではありませんか。

その心が正しいかどうかは、外部の人間は何もわからぬものです。何かをしようと思いたつ時、その動機には善と悪の二つが考えられます。そこで、どれが善によるのか、悪によるのかを考えて、善をとり、悪を捨てるなら、心は自ずから素直にのびのびと善に親しむのです。〉[104]

私は、沢庵のここの「正しい心」についての提案が、武蔵の「空之巻」の「空有善、無悪」(空には善があって、悪はない)[105]という思想に影響を与えたものと推察するのだが、武蔵は、命がけで「あらゆる道理」を修行によって「空ずる」ことを心掛けたものと思われ、それが、「万理一空」という思想に収斂されているもの、と思われる。そのように考えるなら、武蔵の「万理」という思想には「密教」の思想も含まれ、「儒教」の思想も含まれ、「神道」の思想も含まれ、それらが「空」じられて「一つ」になったものと理解される。そこには、心の迷いも、わだかまりも、生きるとか死ぬとかの問題もなく、あるのは、ただ「自然」としての「地」があり、「水」があり、「風」が吹き、「火」が燃えているだけ、「絶対の無」、つまり、これが「無心無念」の境地であると思われ、そこには「空」が「力」として「常に働いている」、と考えられる。

最後に、「般若心経」の中の「色即是空」の意味するところを、立川武蔵氏の智恵を拝借して引用させていただき、この章を終らせていただきます。

〈日本においても、中国におけると同様、「空」の有する肯定的側面が強調された。つまり、色は否定される俗なるものではなくて、肯定されるべき聖なるものとしての価値を有するようになった。「色即是空」が、「色・形あるものはそのままが真実の相である」と言うように解釈されるようになった。〉[106]

私は、このように立川氏の智恵のおかげで、武蔵の「万理一空」という思想がどのような思想であり、どのような力を与えてくれるのであるかを知った。それは、「空の有する肯定的側面」で、「肯定されるべき聖なるもの」としての「価値」であるということなのだ。武蔵の『五輪書』に裏打ちされたものとは、正しく「否定」から生まれた「肯定」という「力」で、武蔵はこの「力」を「万理一空」と言い、それを遺言として残されたのでありましょう。養子の宮本伊織貞次が建てたといわれる小倉碑文に、「天仰げば実相円満、兵法逝去して絶えず」[107]の遺言がある、ことを知る。ぜひ訪れたいものだ。

私はここまで来て、剣の道の永遠性は、心の中にあり、魂の中にあることを知る時に、我々が武蔵の心を体し、沢庵の心を体した時に、剣の心は永遠へと続き、その心は常に動いて止まないものと信じる。

---

93 世阿弥『世阿弥芸術論集』田中裕校注、P23
94 沢庵宗彭『不動智神妙録』池田諭訳、P189
95 前掲書、P185
96 前掲書、P121
97 立川武蔵『空の思想史』
98 前掲書、P4
99 前掲書
100 前掲書、P6
101 立川武蔵『空の思想史』P331
102 沢庵宗彭『不動智神妙録』池田諭訳、P37
103 前掲書、P41
104 前掲書、P85
105 宮本武蔵『五輪書』松本道弘訳、P180
106 立川武蔵『空の思想史』P327
107 福田正秀『宮本武蔵 研究論文集』P200

あとがき

京都の「お化け」、京都大会の「お化け」から始まって、こんなにも駄弁を弄してしまった。剣道の修行の中で最もいけないことは「剣道もしない」で剣道を語る輩であることははっきりしている。私もそのうちの一人である。剣道は「行動哲学」であるのだから、考えたことは「技」という「行動」で表現できなければ、それは剣道ではない。「事理一致」、この思想が剣道の哲学を代表する思想である。この思想を理解し、表現せずに剣道を語ることは「恥」として反省しなければならない。

私はここまで剣道のことを考え、書き、たとえ駄弁を弄したとはいえ、武蔵の『五輪書』には、今まで以上に敬意を表し、畏怖の念すら感じることを覚える。なぜなら、『五輪書』は、どこから読んでも、どこをめくっても、剣道の技、心を教えてくださり、同時に「兵法家」としてのみならず、「人」として生きる道をも教えてくださるので、私はどうしても「武蔵」を哲学者として捉え、『五輪書』を「哲学書」として捉えてしまう。とくに私は、年齢も七十を過ぎ、人生も残り少なくなっている最期の時を迎えているわけだから、嘘も偽りもない人生を送りたいと思っているので、そのような意味から、私は、武蔵の「道」にこだわった生き方が好きだし、私も「道」にこだわって生きたいと思っている。

武蔵の哲学の中で最も大切な思想は「自然」という思想であることは間違いのないことで

あるが、なかでも「万理一空」という思想が、「兵法の徳」から「人生の徳」へと移行する時の「生きた思想」、「生きた哲学」として働く思想である、と思っている。なぜなら、この「万理一空」という思想のおかげで、武蔵は「空」の世界にまで達することができ、「徳」「善」の世界にまでも達することができたからだ。そのことは、前章でも述べたように「遺言」として残された「天を仰げば実相」という思想の中に収斂され、昇華されていることが知られる。つまり、「実相」とは「徳」のことであり「善」のことであるからだ。

沢庵の『不動智神妙録』にも深甚なる敬意と畏怖の念を表したい。なぜなら、武蔵が『五輪書』をひもとくにあたって、沢庵の『不動智神妙録』という理論づけがなければ、「兵法」を「道」と捉え、「徳」と捉え、「善」と捉えることは不可能であったし、「空」ずることも不可能であったと思われるからだ。ましてや、武蔵が「万理一空」という思想を自得して、「実相」の境地へと達するためには、沢庵の助言がなければ不可能であっただろう。とくに、沢庵の特定の「神」や特定の「仏」にとらわれない「全体としての神」という思想は、武蔵をして「自然」という思想に駆り立て、「自然の法則」という思想に誘い、「宇宙の法則」という「絶対的な法則」へと導いたものと推測されてならない。私が言いたいこととは、武蔵の「平常心」という思想のことなのだが、武蔵が自得された最大の「徳」であると思われてならない。

ソクラテス、プラトン、セネカ、エピクテタスの哲学からも多くの思想を学ぶことができた。なぜか。古代ギリシャ・ローマの哲学と仏教思想が、「心」の問題においては共通の思念を共有していることを知る時に、剣道の国際化において非常に将来が開ける展望を持つことができると同時に、剣道が国際社会の「愛の架け橋」となることも夢ではないことも実感することができる。

私はここで、道元の「心身脱落」の思想を引用させていただいて、『京都大会物語』の結論とさせていただきます。

〈ただ、この身も心も放ち忘れて、仏の気持ちに溶けこみ、仏のほうからそうした計らいが差しむけられて、始終それに従っていくならば、力も入れず心も使わないで、生死を離れて仏になれる。〉[108]

武蔵が最終的に達した「平常心」という境地とは、道元の言葉を借りるなら、「心身脱落」の思想と重なり、これこそが、武蔵が沢庵から学び、空海から学び、道元から学び、「自然の法則」から学んで辿りついた最終の境地であったものと思われます。今の私には、これ以上の言葉も、表現も、心も、魂も持ち合わせておりません。

最後になりましたが、『京都大会物語』を出版するにあたり、いろいろな先生にお世話になりました。今は亡き楢崎正彦先生、柴田節雄先生、澤田功先生、現在もご活躍の石原忠美先生、西善延先生、鷹尾敏文先生、水野仁先生、矢野博志先生、山田博徳先生、藤井稔先生、小高終八郎先生、茂田敏夫先生、鈴木敏雄先生、古川和男先生、山城宏惟先生、倉地基雄先生、武田牧雄先生、一川一先生、梅宮勇治先生、林邦夫先生、松井明先生、甲斐清治先生、渡辺哲也先生、髙﨑慶男先生、遠藤正明先生、山野辺辰美先生、友川紘一先生、石岡立之先生、佐藤勝信先生、佐藤伸先生、澤部哲矢先生、野呂讓三先生、山根孝司先生、久山雅生先生、岡崎充先生、牧野長二先生、小村昭正先生ほか、多くの先生からご助言やらご指導をいただきました。有難うございます。また、挿絵を描いてくださった画家の平安座唯山先生にも心からお礼を申し上げます。そして、出版にあたり今回も『剣道時代』の張替裕氏には大変お世話になりました。文末になってしまいましたが、私のわがままを見て見ぬ振りをしてくださっている女房、長男、次男と長女にも心からのお礼を申し上げます。

108　道元『正法眼蔵』高橋賢陳訳、下巻、P623

藤沢令夫：プラトン『国家』（上・下）、岩波書店、2006
福田正秀：『宮本武蔵　研究論文集』、歴研、2003
梅原　猛：『地獄の思想』、中公新書、2002
梅原　猛：『歎異抄』、講談社、2008
立川武蔵：『空の思想史』、講談社、2006
高橋賢陳：『正法眼蔵』、理想社、1981
高山幸二郎：『剣道八段の修行』、スキージャーナル、2000
渡辺一郎：『兵法家伝書』、岩波文庫、2007
鎌田茂雄：『五輪書』、講談社、1994
鎌田茂雄：『華厳の思想』、講談社、2004
松長有慶：『密教』、岩波新書、2009
宮崎正孝：『剣道は私の哲学』、体育とスポーツ出版社、2008
正木　晃：『密教』、講談社、2004

参考文献

船坂　弘：『昭和の剣聖持田盛二』、講談社、1975
小川忠太郎：『剣道講話』、体育とスポーツ出版社、1993
小川忠太郎：『不動智神妙録』、体育とスポーツ出版社、1993
小川忠太郎：『剣と道』、体育とスポーツ出版社、1993
小川忠太郎：『剣と禅』、人間禅教団、1985
小川忠太郎：『百回稽古』、体育とスポーツ出版社、2001
石原忠美：『活人剣・殺人剣と人間形成』、体育とスポーツ出版社、2006
井口海仙：『利休百首』、淡交社、2006
ウィリアム・スコット・ウィルソン：『対訳五輪書』、講談社インターナショナル、2001
池田　諭：『不動智神妙録』、徳間書店、1970
堀籠敬蔵：『剣の道』、有限会社ミズノ企画、2000
堂本昭彦：『高野佐三郎剣道遺稿集』、スキージャーナル、1993
宇野哲人：『大学』、講談社、2005
ジェイムズ・レッドフィールド：『聖なる予言』、角川書店、1994
RACKHAM、H : CICERO, NATURE OF THE GODS, HARVARD, LONDON, 2000
HENDERSON, JEFFREY : CICERO, DE LEGIBUS, HARVARD, LONDON, 2000
RACKHAM, H: CICERO, ON ENDS, HARVARD, LONDON, 1999
GUMMERE, RICHARD M.: SENECA, EPISTLES 1-65, HARVARD, LONDON, 2002
GUMMERE, RICHARD M.: SENECA, EPISTLES 66-92, HARVARD, LONDON, 2006
RICHARD M. GUMMERE: SENECA, EPISTLES 93-124, HARVARD, LONDON, 2000
CORCORAN, THOMAS H.: SENECA, NATURAL QUESTIONS, HARVARD, LONDON, 1999
BASORE, JOHN W.: SENECA, MORAL ESSAYS I, HARVARD, LONDON, 2003
BASORE, JOHN W.: SENECA, MORAL ESSAYS II, HARVARD, LONDON, 2001
HAINES, C. R.: MARCUS AURELIUS, HARVARD, LONDON, 1999
OLDFATHER, W. A.: EPICTETUS, DISCOURSES I-II, HARVARD, LONDON, 2000
FOWLER, HAROLD NORTH: PLATO, PHAEDO, HARVARD, LONDON, 2001
『剣道時代』2007年8月号、体育とスポーツ出版社
『剣道時代』2007年9月号、体育とスポーツ出版社
田中　裕：『世阿弥芸術論集』、新潮社、1976
市古貞次：『新古語辞典』、学習研究社、1989
早瀬利之：『剣聖十段斎村五郎　気の剣』、スキージャーナル、1997
渡辺一郎：『兵法家伝書』、岩波書店、2007

宮崎正孝（みやざき・まさたか）
昭和11年北海道森町に生まれる。
北海道教育大、慶應義塾大、明治学院大（英文学）、ピッツバーグ大（英文学）、ニューカッスル大（哲学）に学ぶ。
元函館大学教授（英文学専攻）、元函館大学剣道部監督。
現在、剣道教士七段。
著書『剣道は私の哲学』
詩集「炎の山」「こおろぎの独白」「ずっこけ教授」他
訳詩集「妖精の国の女王」（第一巻、第二巻、第三巻）他
論文「『国家』における魂の永遠性について」
An Approach to the Concept of "Nature" in Stoicism
Kendo is my Philosophy, 他

京都大会物語

2010年5月20日　初版発行
著　者　宮崎正孝
発行人　橋本雄一
発行所　株式会社体育とスポーツ出版社
〒101-0054
東京都千代田区神田錦町1-13　宝栄錦町ビル3F
TEL　03-3291-0911
FAX　03-3293-7750
振替口座　00100-7-25587
http://www.taiiku-sports.co.jp
印刷所　図書印刷株式会社

落丁・乱丁本はお取り替えいたします。

ISBN978-4-88458-237-1　C3075　定価はカバーに表示してあります。